DEVOCIONARIO PARA LA MISA Y LA ADORACIÓN

DEVOCIONARIO PARA LA MISA Y LA ADORACIÓN

Vinny Flynn
& Erin Flynn

TAN Books
Charlotte, North Carolina

Las citas de la Escritura, a menos que se indique lo contrario, están tomadas de Nueva Biblia Latinoamérica, San Pablo (Madrid) y Verbo Divino (Estella), 2004.

Traducción por Padre Rolando Cabrera

Diseño por Caroline K. Green y Mary Flannery

ISBN:

Publicado en Los Estatos Unidos por
MercySong, Inc.
PO Box 486
Stockbridge, MA 01262
www.mercysong.com

“Aunque toda el hambre física
del mundo fuera saciada,
aunque todos los que padecen hambre
fuesen alimentados por su propio trabajo
o por la generosidad de los demás,
el hambre más profunda
del ser humano persistiría aún. …

Por eso les digo: ‘Vengan todos ustedes
a Cristo. Él es el pan de vida.
Vengan a Cristo
y nunca volverán a tener hambre.’”

—Papa Juan Pablo II[1]

DEDICACIÓN

Para todos nuestros amados sacerdotes, que cada día rasgan el velo del cielo y nos entregan el regalo más grande de nuestras vidas aquí en la tierra — la Sagrada Eucaristía.

CONTENIDO

Adoración Eucarística

Oraciones para Diversas Ocasiones

INTRODUCCIÓN

TENGO que confesar algo. Cuando le pedí a mi hija Erin que comenzara a compilar estas oraciones, no lo hice pensando en ti en primer lugar. Era algo que quería para mí mismo. Y como Erin y yo a menudo compartimos nuestras oraciones favoritas, supe que a ella también le interesaría.

Así pues, este pequeño libro no es una colección de oraciones elegidas fortuitamente. Tampoco es un libro de corte "histórico" para presentar una recopilación de oraciones católicas tradicionales escritas a lo largo de los siglos. Hay muchos de esos libros, y todos cumplen bien su cometido.

Esa no era nuestra intención. Lo que hemos reunido aquí es una cuidadosa y amorosa selección de oraciones — unas antiguas, otras nuevas — que a nosotros nos resultan particularmente importantes y fructíferas como ayuda para no ser meros espectadores durante la misa, o meros recitadores de oraciones y respuestas, sino participantes conscientes y activos. Son oraciones que nos ayudan a meternos de lleno en la celebración, hablando a Dios y a Nuestra Señora, de tú a tú, desde nuestros corazones.

Teniendo esto en mente, encontramos algunas oraciones que parecían tan perfectamente expresadas que las hemos presentado aquí íntegramente. Otras son breves extractos de oraciones más largas. Otras son oraciones originales compuestas por nosotros mismos, o adaptaciones en las que hemos tratado de captar las hermosas ideas que encontramos en las Escrituras, las enseñanzas de la Iglesia y los escritos de algunos de nuestros grandes santos y papas.

Oración Personalizada

Hace muchos años, quedé muy conmovido por la manera en que Santa Faustina le hablaba a Dios. Ella llegó a descubrir que Dios quiere una relación con cada uno de nosotros que sea completamente real y personal. Así pues, ella desarrolló una manera natural de orar a Dios con el lenguaje más personal, amoroso e íntimo que se pueda imaginar, tanto así que escandalizaba y hacía enojar a otras personas en su comunidad que le cuestionaban quién pensaba que era ella para hablarle a Dios de esa manera.

Me impresionó que ella sabía quién era: la "niña pequeña de papá," y eso es lo que Dios quiso que ella fuera cuando la creó.

Desde entonces, en mi propia vida de oración, gradualmente he dejado de utilizar formas de orar que parezcan demasiado formales, distantes, o artificiales — formas que no expresen de manera simple y honesta lo que siento y estoy experimentando en el aquí y ahora de mi vida, formas que no me lleven a una relación más profunda con el Dios que me ama.

Cuando rezo las oraciones tradicionales con otras personas durante la Santa Misa o en otras situaciones grupales, las rezo tal como están escritas, pero en mis momentos privados de oración, cuando somos solo Dios y yo, las rezo de la manera más real y natural para mí.

Te Corresponde a Ti la Edición

Ese fue nuestro principio rector al seleccionar, editar, actualizar, escribir o reescribir las oraciones que encontrarás aquí. Ahora que las hemos compilado y organizado, nos complace compartirlas contigo, y te animo a que hagas propio este libro para que te ayude a profundizar cada vez más en tu propia, única y personal relación con Dios.

No te dejes llevar por la redacción exacta de las oraciones, sino siéntete libre de hacer cualquier cambio que te parezca más natural. (Yo, personalmente, rezo algunas de estas oraciones de manera diferente cada día).

Si un cambio en la redacción de una oración en particular te puede ayudar a rezarla de una manera más significativa, entonces toma tu bolígrafo y hazlo. Deja que las oraciones impresas sean simplemente un punto de partida para tu oración — un marco que te inspire a entrar en tu propia conversación privada con el Señor y con nuestra Señora.

Después de algunas secciones, hemos incluido páginas en blanco para que las llenes con tus oraciones favoritas. Puedes escribirlas directamente en la página o mecanografiarlas en un pedazo de papel y pegarlas. Si una oración en particular del libro no es significativa para ti, entonces pega una oración diferente sobre ella. Recuerda, es tu libro, así que úsalo en cualquier manera que te ayude a acercarte más al Señor. No tengas miedo de poner asteriscos en ciertas oraciones, enmárcalas dentro de un recuadro, marca con un círculo o subraya las partes que sean particularmente significativas, usa un resaltador, o agrega marcadores o estampitas — cualquier cosa que te ayude a personalizar tu oración.

De Corazón a Corazón

Santa Teresita escribió que la oración es sobre todo "un impulso del corazón hacia Dios."[2] Eso no significa que nunca debemos usar palabras para orar, sino que la verdadera oración es siempre expresión de una relación personal en la que tu corazón se dirige hacia el Corazón de Dios.

Dios se deleita en la singularidad de cada uno de sus hijos. Él atesora el "tú" que creó en ti, y quiere una relación contigo que sea diferente de Su relación con cualquier otra persona. Entonces, cuando ores a Dios, es importante que uses palabras que te ayuden a elevar tu mente y tu corazón hacia Él como expresión real de esa relación personal.

Te ofrecemos este libro, pues, como principio, no como fin, un borrador para ser completado por ti, de modo que tu oración se convierta de verdad en tu oración, tu conversación de corazón a Corazón con el Señor.

¡Qué sea una bendición para ti!

Vinny Flynn

Nota

Hemos hecho todo lo posible para determinar y citar las fuentes originales de las oraciones y citas incluidas aquí. Algunas citas se proporcionan en el texto mismo; otras se remiten por número de nota al pie a la sección de notas que se encuentra al final del libro. Pero muchas de las oraciones fueron compiladas, actualizadas, editadas, o adaptadas a partir de varias fuentes secundarias. Al buscar en libros y cuadernos antiguos, panfletos, folletos, estampitas y cientos de sitios web y blogs, a menudo encontramos muchas versiones diferentes de las mismas oraciones, sin citas para ninguna de ellas.

Hemos seleccionado las oraciones que nos parecen más poderosas e inspiradoras, citando las fuentes que pudimos encontrar.

Hemos dado a la mayoría de las oraciones títulos específicos para identificarlas y hacerlas más fáciles de encontrar.

EL SANTO SACRIFICIO DE LA MISA

"¡Oh, qué misterios tan asombrosos
ocurren durante la Santa Misa…!
Un día sabremos
lo que Dios hace por nosotros
en cada Misa y que don
prepara para nosotros en ella.
Solo su amor divino
puede permitir que
nos sea dado tal regalo."

—Santa Faustina, *Diario*, 914

ORACIONES PARA ANTES DE LA MISA

"¡Me acercaré al altar de Dios, el Dios de mi alegría!"

—*cf.* Sal 43,4

Recibe, Oh Trinidad Santa

RECIBE, oh Trinidad Santa, un Solo Dios, este Santo Sacrificio del Cuerpo y la Sangre de nuestro Señor Jesucristo, que yo, indigno siervo tuyo, deseo ofrecer ahora a Tu Divina Majestad por manos de este Tu ministro, con todos los sacrificios que han sido y serán ofrecidos alguna vez a Ti, en unión con el Santísimo Sacrificio ofrecido por el mismo Cristo nuestro Señor en la Última Cena y en el Altar de la Cruz.

Te lo ofrezco con el mayor afecto y devoción, por amor a Tu infinita bondad y de acuerdo con la intención de Jesucristo y de Su Iglesia.

Oh Dios, todopoderoso y misericordioso, concédenos por medio de este Santo Sacrificio, gozo y paz, una vida más santa, el deseo de morir a nosotros mismos, la gracia y el consuelo del Espíritu Santo, y la perseverancia en las buenas obras.

En Unión Con Todas Las Misas

SEÑOR Jesús, por el Corazón Inmaculado de María, me ofrezco en unión con la ofrenda que de una vez por todas hiciste al Padre por mis pecados y por los pecados de todo el mundo.

Sabiendo que todos los frutos de ese sacrificio eterno en la cruz se hacen presentes y disponibles para nosotros en cada liturgia Eucarística, ahora me uno a todas las Misas que se celebran en todo el mundo. Te pido, Señor Misericordioso, que derrames sobre mí y mis seres queridos una gota de Tu Preciosa Sangre desde cada una de estas Misas para sanarnos y santificarnos.

—Vinny Flynn

Por Los Pecadores y Las Almas del Purgatorio

PADRE eterno, yo Te ofrezco la Preciosísima Sangre de Tu Divino Hijo Jesús, en unión con todas las misas celebradas hoy en el mundo entero, por todas las benditas almas del Purgatorio, por todos los pecadores del mundo, por los pecadores en la Iglesia universal, por aquellos en mi propia casa y dentro de mi familia. Amén.

—Santa Gertrudis[3]

Mientras Me Acerco a Tu Banquete

AMADO Señor Jesucristo, me acerco a la mesa de Tu banquete más exquisito, con temor y temblor, porque soy un pecador, confiando no en mi propio mérito, sino más bien en Tu misericordia y bondad. Vengo con un corazón y un cuerpo manchados por muchas ofensas, y con una mente y una lengua que no he guardado bien.

Por tanto, oh amoroso Dios, oh admirable Majestad, con mis miserias y los lazos que me aprisionan, recurro a Ti, fuente de la misericordia, me apresuro a llegar a Ti para que me sanes, vuelo hacia Ti para que me protejas. Temería acercarme a Ti como Juez, pero anhelo tenerte como Salvador.

A Ti, oh Señor, muestro mis heridas, a Ti descubro mi vergüenza. Soy consciente de mis muchos y grandes pecados, que me llenan de temor, pero espero en Tus misericordias, que son innumerables.

Mírame, pues, con ojos de misericordia, Señor Jesucristo, Rey eterno, Dios y Hombre, crucificado por la humanidad. Escúchame, porque mi esperanza está en Ti; ten piedad de mí, que estoy lleno de miserias y pecados, Tú, que nunca dejarás que se seque la fuente de la compasión.

Dios te salve, oh Víctima Salvadora, ofrecida por mí y por toda la humanidad en el madero de la Cruz. Dios te salve, oh noble y preciosa Sangre, que brota de las heridas de Jesucristo, mi Señor crucificado, y lava los pecados del mundo.

Recuerda, Señor, a Tu criatura, a quien redimiste con Tu sangre. Me arrepiento de mis pecados, y deseo corregir lo mal hecho. Borra, Padre misericordioso, todas mis iniquidades y pecados, para que, purificado en la mente y en el cuerpo, pueda gustar dignamente al Santo de los Santos.

Concédeme la gracia de que este anticipo sagrado de Tu Cuerpo y Sangre que yo, aunque indigno, pretendo recibir, perdone mis pecados, limpie perfectamente mis culpas, destierre de mí los pensamientos vergonzosos, y haga renacer en mí deseos santos. Que me ayude a cumplir las obras que más Te agraden, y sea para mí una defensa firme de cuerpo y alma contra las insidias de mis enemigos.

—Oración de San Ambrosio

Oración a San José

Oh Bendito San José, a ti que te fue concedida la gracia no solo de ver y oír al Dios a quien muchos reyes anhelaron ver y no vieron, oír y no oyeron; sino también de llevarlo en tus brazos, abrazarlo, vestirlo, custodiarlo y defenderlo, ruega por mí para que pueda unirme completamente a Él en esta Santa Misa, adorándolo con gratitud y gozo.

Oh Dios, que nos has dado un sacerdocio real, Te suplicamos que, así como el Bendito San José fue digno de tocar con sus manos y de tener en sus brazos a Tu único Hijo, nacido de la Virgen María, también nosotros, con un corazón limpio y una vida intachable, podamos acercarnos dignamente a Tu santo altar.

Haz que hoy, con devoción reverente, participemos del Sagrado Cuerpo y la Sangre de Tu Hijo Unigénito, y seamos considerados dignos de recibir una recompensa eterna en el mundo venidero.

Para Que Yo Sea Digno

¿Quién puede estar presente dignamente en este sacrificio, a menos que Tú, oh Dios, lo hagas digno? Lo sé, Señor (realmente lo sé y lo confieso humildemente a Tu amorosa bondad) que, debido a mis innumerables pecados y negligencias, no soy digno de acercarme a tan gran misterio.

Pero también sé (y realmente creo en mi corazón y confieso con mi lengua) que Tú puedes hacerme digno, Tú, el único que puedes hacer puros a los impuros y hacer que los pecadores se vuelvan justos y santos. Por Tu gran poder, Te pido Señor que me concedas la gracia de que yo, pecador, pueda entrar en este sacrificio con asombro y reverencia, con pureza de corazón y verdadero arrepentimiento, con alegría espiritual y gozo celestial. Haz que mi mente sienta la dulzura de Tu bendita presencia y el amor de Tus santos ángeles velando a mi alrededor.

—Adaptado de una oración de San Ambrosio

Intenciones Para La Misa

PADRE Eterno, me uno a las intenciones y afectos de Nuestra Señora de los Dolores en el Calvario, y Te ofrezco el sacrificio que Tu amado Hijo Jesús hizo de Sí mismo en la cruz, y ahora se renueva en este santo altar.

Hago esta ofrenda:

Adorarte y darte el honor que Te corresponde, confesando Tu dominio supremo sobre todas las cosas, y la absoluta dependencia de todo en Ti, que eres nuestro único y último fin;

Darte gracias por los innumerables beneficios que he recibido;

Aplacar Tu justicia, suscitada contra nosotros por tantos pecados, y hacer reparación por ellos;

Implorar gracia para mí, para __________, para todos los que están tristes y afligidos, para los pobres pecadores, para todo el mundo y para las benditas almas en el purgatorio.

—Adaptado de una oración del Papa San Pío X
Acta Sancta Sedis, Julio 8, 1904

Dejo Atrás el Mundo

SANTÍSIMA Trinidad, Padre, Hijo, y Espíritu Santo, dejo atrás el mundo por un tiempo y entro en este espacio sagrado: para adorarte, para darte gracias, para dejar que, por Tu gran bondad, me restaures — Tú que continuamente haces todas las cosas nuevas.

Si este espacio me ayuda a elevar mi mente, mi alma, a las realidades eternas, Te alabo y Te doy gracias por los que se esforzaron para que fuera posible. Si no, Señor, no importa. Cierro mis ojos y me deleito en la realidad de Tu belleza. Lo que cumplirás aquí, independientemente de la indiferencia humana, es lo más sublime que hay sobre la tierra. Lo más bello. Lo más sagrado. El bien supremo. Introdúceme en este misterio milagroso de Tu amor.

Te entrego todas las distracciones y preocupaciones que pugnan dentro de mí. Ayúdame a preparar, en mi mente y en mi corazón, un terreno fértil para todas las gracias que derramarás durante esta Santa Misa. Me arrepiento de todo pecado, de todo lo que me haya apartado de Ti y suplico Tu misericordia sanadora.

Oro en agradecimiento por Tus sacerdotes aquí presentes, por todos los sacerdotes, por los hermanos y hermanas que adoran a mi lado y por todos los que tengo en mi corazón. Bendice a cada uno de ellos en sus necesidades y atráelos cada vez más a Ti.

Al participar en este glorioso encuentro del cielo con la tierra, haz que me llene de asombro y admiración ante los grandes misterios que se desvelan ante mí. Haz que pueda recibir la Sagrada Comunión con reverencia y amor, y deje que Tu presencia dentro de mí me transforme en alguien mejor. Tú que bendices, Tú que curas, Tú que inspiras; Envíame, pues, a hacer lo mismo.

—Erin Flynn

Mis Oraciones Para Antes de La Misa

Mis Oraciones Para Antes de La Misa

"Cuando vamos a Misa,
vamos al cielo.
Esto no es meramente un símbolo,
una metáfora, una parábola,
una manera de hablar. Es real. ...
La Misa — y quiero decir cada Misa
— es el cielo en la tierra."

—Scott Hahn[4]

RITOS INICIALES Y LITURGIA DE LA PALABRA

"Ustedes se han acercado al Monte Sión,
a la ciudad del Dios vivo,
a la Jerusalén celestial"

—Heb 12, 22 Biblia Latinoamericana

ACTO PENITENCIAL

Después de la procesión de entrada y el saludo inicial, el sacerdote "invita a toda la comunidad a tomar parte en el Acto Penitencial ..."

—Instrucción General del Misal Romano, # 51

"Hermanos y hermanas, para celebrar dignamente los sagrados misterios, reconozcamos humildemente nuestros pecados."

Sigue una breve pausa de silencio, durante la cual puedes pedir al Señor que te haga recordar cualquier pecado o apego al pecado, para arrepentirte de ellos y pedir perdón y sanación.

SEÑOR, envía tu Espíritu Santo para que me ayude a recordar todas las maneras en que te haya ofendido. Me arrepiento de todos mis pecados, de todos mis fallos, de todas las formas en que Te he disgustado. Ayúdame ahora a dejar de lado cualquier cosa que no venga de Ti, todo lo oscuro, todo lo que sea pecado, todo que sea ofensivo para Ti, todo lo que me impida unirme a Ti. Me arrepiento especialmente de ______ (cualquier pecado específico que te venga a la mente).

María, entra con tu escoba y barre de mi corazón todas las distracciones e impurezas, para que contigo pueda acceder más dignamente al Corazón de Jesús.

—Vinny Flynn

ANTES DE CADA LECTURA

Por medio de las lecturas, Dios nos habla, desvelando "los misterios de la redención y de la salvación, y ofreciendo alimento espiritual; ... Cristo mismo, por su palabra, se hace presente en medio de los fieles."

-Instrucción General del Misal Romano, # 55

SEÑOR, ayúdame a darme cuenta de que me estás hablando directamente por medio de estas lecturas. Ayúdame a escuchar de cerca tu Palabra, y, como María, haz que la medite en mi corazón y la ponga en práctica plenamente en mi vida.

SALMO RESPONSORIAL

El salmo responsorial no es solo para ser rezado, pues "es una parte integral de la Liturgia de la Palabra" y "tiene gran importancia litúrgica y pastoral, ya que favorece la meditación de la Palabra de Dios."

-Instrucción General del Misal Romano, # 61

SEÑOR, ayúdame a rezar este salmo con toda mi mente y mi corazón, reflexionando sobre la belleza y la verdad de Tu Palabra y respondiendo fielmente a Tu llamada para que escuche y cumpla Tu voluntad.

ANTES DEL EVANGELIO

Sacerdote o diácono: "Lectura del Santo Evangelio según ..."

Respuesta: Gloria a Ti, Señor Jesús.

A continuación, al hacer la señal de la cruz en tu frente, labios, y corazón, ora en silencio:

"Que la Palabra de Dios esté en mi mente, en mis labios, y en mi corazón."

ANTES DEL CREDO

El propósito del Credo es "que todo el pueblo reunido responda a la Palabra de Dios proclamada en las lecturas... y para que recuerde, confiese y manifieste los grandes misterios de la fe."

-Instrucción General del Misal Romano, # 67

SEÑOR, lléname de Tu gracia para que pueda rezar el Credo con profunda fe y convicción, para honrar y proclamar estos maravillosos misterios.

ANTES DE LA ORACIÓN DE LOS FIELES

En la Oración de los Fieles, "el pueblo responde... a la Palabra de Dios recibida en la fe y... ofrece súplicas a Dios por la salvación de todos."

-Instrucción General del Misal Romano, # 69

JESÚS, ayúdame a no distraerme cuando me uno al ofrecimiento de estas intercesiones. Ayúdame a concentrarme realmente en cada intención para ofrecértela.

"Desnudo, colgué de la cruz
con los brazos extendidos,
ofreciéndome libremente
a Dios Padre
por tus pecados
(Is 53,7; Hb 9,28) ...

También tú, de muy buena gana,
debes ofrecerte a Mí
diariamente en la Eucaristía."

—*Thomas a Kempis*[5]

LITURGIA DE LA EUCARISTÍA

"Les exhorto, pues, hermanos y hermanas... a ofrecer sus cuerpos como un sacrificio vivo, santo, agradable a Dios."

—Rom 12,1

PREPARACIÓN DE LOS DONES

El Ofertorio no es solo el momento de hacer una colecta o cantar un himno mientras esperamos a que llegue la parte "importante" de la Misa. Es un momento para unir nuestra ofrenda personal a la ofrenda eterna de Cristo al Padre y para hacer propia la intención de Su ofrenda — la expiación de nuestros pecados y los pecados de todo el mundo.

Sobre Esta Patena

PADRE celestial, me pongo sobre esta patena con todo mi ser, mi alma, mi cuerpo, con mi intelecto y mi voluntad; pues Te ofrezco todo lo que soy y lo que tengo.

Pongo sobre esta patena, todas mis alegrías, mis tristezas de hoy, mi trabajo con su fatiga, mis cruces con su amargura.

Pongo sobre esta patena a todos los que amo, a los que me hacen bien, a los que me han hecho bien, a los que se han encomendado a mis oraciones. Uno todo esto a la ofrenda de Jesús para la salvación de las almas.[6]

En el Cáliz

JUNTO a esa gota de agua que me representa, echo en el cáliz con Jesús todos los instantes de mi vida para que sean santificados, sobrenaturalizados en la sangre de Cristo, y a través de Él lleguen a la Adorable Trinidad.

Echo también en el cáliz y Te ofrezco la vida y los sufrimientos de aquellos que no los ofrecen, para que sus vidas y sufrimientos se unan a los de Cristo que sufrió y murió por ellos.[7]

Padre Eterno y Todopoderoso

PADRE Eterno y Todopoderoso, por el Corazón Inmaculado de María y el ministerio del sacerdote, Te ofrezco a Jesús, Tu Hijo amado, y me ofrezco por Él, con Él y en Él, por Sus intenciones, en nombre de todas las criaturas y de toda la creación, para Tu mayor gloria.

LAVATORIO DE LAS MANOS

Mientras se lava las manos, el sacerdote dice una oración silenciosa, que puedes rezar en tu corazón, como una oración a la vez por él y por ti.

"Lávame, oh Señor, de mi iniquidad y límpiame de mis pecados."

PREFACIO

Al comienzo de cada Prefacio, el sacerdote pide que el Señor esté con nosotros y nos invita a levantar nuestros corazones y dar gracias. Ya que, con nuestra respuesta, proclamamos que "es justo y necesario" darle gracias, es apropiado tomarse un momento y, de hecho, darle gracias de alguna manera:

SÍ, Señor, levanto mi corazón hacia Ti. Gracias por todas las formas en que me has bendecido.

SANCTUS

Al terminar el prefacio, se nos anima a unirnos a los ángeles en su incesante himno de alabanza. Mientras recitas o cantas el Sanctus, dedica un momento a reconocer y agradecer este regalo de poder participar en la liturgia celestial.

SEÑOR, Dios, ayúdame a no dejar pasar este momento en que el cielo y la tierra se unen para alabarte. Ayúdame a darme cuenta de que éste no es nuestro "Santo, Santo, Santo," que no estamos cantando nuestro pequeño cántico de alabanza, sino que realmente nos estamos uniendo al himno que los ángeles cantan sin cesar. ¡Gracias Señor!

—Vinny Flynn

"Veo a los coros de los ángeles
que Te honran incesantemente
y a todas las potencias celestiales
que Te alaban sin cesar y
Te dicen continuamente:
Santo, Santo, Santo."

—St. Faustina, *Diary*, 80

ELEVACIÓN DE LA HOSTIA

Mientras contemplamos al Señor con los ojos de la fe durante cada una de las elevaciones, haríamos bien en reconocer Su presencia con una breve oración de alabanza y adoración, como las que se ofrecen aquí u otras palabras que nos vengan a la mente.

"¡Señor mío y Dios mío!"

—Santo Tomás (Jn 20,28)

Oh Santísimo Sacramento, Oh Divino Sacramento, A Ti toda alabanza y toda acción de gracias en todo momento.

Oh Carne Sagrada, traspasada por amor a mí, transfórmame en amor.

ELEVACIÓN DEL CÁLIZ

Oh Sangre y Agua que brotaste del Corazón de Jesús, como una Fuente de Misericordia para nosotros, ¡en Ti confío!

—Santa Faustina, Diario, 84

La oración anterior se conoce como la Oración de Conversión. Jesús le prometió a Santa Faustina que cuando ella rezara esta oración con fe y un corazón contrito en nombre de un pecador, le daría a esa alma la gracia de la conversión (cf. Diario, 186-187).

Señor, deja que Tu Preciosa Sangre me limpie, líbrame de todo lo que no es de Ti, y sana todo lo que me impide recibir Tu Amor.

Creo, Oh Señor. Ayuda mi poca fe.

—Basado en Mc 9,24

Dios mío, yo creo, adoro, espero, y Te amo. Pido perdón por aquellos que no creen, no adoran, no esperan, y no Te aman.

—Oración del Ángel de Fátima, 1916

SIGNO DE LA PAZ

Después de ofrecer un signo de paz a quienes te rodean, puedes pedirle al Señor que también bendiga con la paz a aquellos que amas.

SEÑOR Jesús, no dejes que esta bendición de la paz se detenga aquí con nosotros, permite que se extienda también a ____________ (cualquiera de tus seres queridos que te venga a la mente) y a todos aquellos que están más necesitados de Tu paz.

FRACCIÓN DEL PAN

Después del rito de la paz, puedes unirte silenciosamente al sacerdote cuando parte la hostia sobre la patena, coloca un fragmento en el cáliz, y ora en silencio:

"El Cuerpo y la Sangre de nuestro Señor Jesucristo, unidos en este cáliz, sean para nosotros alimento de vida eterna."

Y puedes añadir:

DIOS mío, ayúdame a no concentrarme en mí mismo, sino haz que, como Jesús, me convierta en pan partido para los demás.

ORACIÓN DEL SACERDOTE EN PREPARACIÓN PARA LA COMUNIÓN

Después del Cordero de Dios, puedes unirte calladamente al sacerdote mientras él ora en silencio para prepararse a recibir la Comunión:

SEÑOR Jesucristo, Hijo de Dios vivo, que, por voluntad del Padre, cooperando el Espíritu Santo, diste con Tu muerte la vida al mundo, líbrame, por la recepción de Tu Cuerpo y de Tu Sangre, de todas mis culpas y de todo mal. Concédeme cumplir siempre Tus mandamientos y jamás permitas que me separe de Ti.

—From the Order of Mass in the *Roman Missal*

O bien:

SEÑOR Jesucristo, la comunión de Tu Cuerpo y de Tu Sangre no sea para mí un motivo de juicio y condenación, sino que, por Tu piedad, me aproveche para defensa de alma y cuerpo y como remedio saludable.

—From the Order of Mass in the *Roman Missal*

MIENTRAS EL SACERDOTE COMULGA

Este es un momento perfecto para ofrecer una oración por el sacerdote. Puedes rezar la oración que viene a continuación o cualquier otra oración que te venga a la mente, o simplemente deja que tu corazón se eleve a Dios por él.

SEÑOR, gracias por el don de este sacerdote, que me permite entrar en comunión Contigo. Bendícelo, Señor, fortalécelo y llénalo de la abundancia de Tu amor.

"Recibir la Comunión significa
entrar en comunión con Jesucristo. ...

Lo que se nos da aquí
no es el fragmento de un cuerpo,
no es una cosa, sino Él,
el Resucitado mismo —
la persona que se da a nosotros
por amor. ...

Esto significa
que recibir la Comunión
es siempre un acto personal."

—Cardenal Joseph Ratzinger[8]

ORACIONES PARA LA COMUNIÓN

"Si los ángeles pudieran envidiar a los hombres, lo harían por una razón: la Santa Comunión."

—*San Maximiliano Kolbe*

Preparándome para la Venida del Rey

QUÉ soy yo y qué eres Tú, Señor, Rey de la gloria, gloria inmortal. Oh corazón mío, ¿te das cuenta de quién viene a visitarte hoy? Sí, lo sé, pero es curioso que no puedo comprenderlo. Oh, si fuera solamente un rey, pero éste es el Rey de reyes, Señor de los señores. Antes Él tiembla todo poder y autoridad. Hoy Él viene a mi corazón. Lo oigo acercarse, salgo a su encuentro y lo invito.

—Santa Faustina, *Diario*, 1810

Un Sagrario Viviente

MARÍA, Madre del Señor,
muéstranos lo que significa
entrar en comunión con Cristo.
Tú ofreciste tu propia carne,
tu propia sangre a Jesús
y te convertiste en un sagrario viviente,
permitiendo que Su presencia te penetrara
en cuerpo y alma.
Te pido, Madre Santa,
que me ayudes a ofrecerme
contigo a Jesús
y a dejarme penetrar
por esa misma presencia,
para que pueda seguirlo fielmente,
día tras día, por los caminos
que Él me guíe.

—Vinny Flynn

"Si la Iglesia y la Eucaristía están inseparablemente unidas, lo mismo puede decirse de María y la Eucaristía."[9]

—Papa San Juan Pablo II
Ecclesia de Eucaristia, no. 57

A Tu Corazón Amoroso

¡QUÉ grande, oh Jesús mío, es la extensión de Tu amor excesivo! Has preparado para mí, de Tu más precioso Cuerpo y Sangre, un banquete divino, en el que Te entregas a mí sin reservas. ¿Qué Te ha movido a tal derramamiento de misericordia? Nada más que Tu propio amantísimo Corazón.

—Santa Gertrudis[10]

Espíritu Santo, Se Mi Guía

ESPÍRITU Santo, se mi Guía y Auxilio en esta hora tan sagrada, mientras me preparo para recibir el Santísimo Sacramento. Solo por la confianza en Ti, mi Dios y Santificador, que eres el mismo Amor infinito, yo, un pobre pecador, me atrevo a acercarme a Tu altar. Ilumina mi entendimiento, purifica mi corazón, dirige mi voluntad, fortalece mi fe, anima mi esperanza, enciende mi deseo, inflama mi amor, para que pueda recibir dignamente el Don del cielo.[11]

Al Sanador Herido

SEÑOR Jesús, Sanador Herido, sáname de todas las heridas de mi vida pasada y purifica mi corazón, para que pueda convertirme en una morada apropiada para el admirable esplendor y el fuego consumidor de Tu Majestad.

—Vinny Flynn

Suscipe

TOMA, Oh Señor, y recibe toda mi libertad, mi memoria, mi entendimiento, y toda mi voluntad, todo lo que tengo y poseo. Tú me lo diste, a Ti, Señor, lo devuelvo; todo es Tuyo; dispón de ello conforme a Tu voluntad. Dame solo Tu amor y Tu gracia; que eso me basta.

—San Ignacio de Loyola

Oración de Santa Angela

ESTE sacramento realmente Te contiene, oh Dios mío, Tú, a quien adoran los Ángeles, en cuya presencia tiemblan los Espíritus y las poderosas Potestades. Oh, si solo pudiéramos verte claramente como ellos lo hacen, ¡con cuánta reverencia nos acercaríamos a este Sacramento!, ¡con cuánta humildad te recibiríamos!

—Santa Angela de Foligno

Unión Divina

Los sentidos no pueden decirme
que Tú estás aquí,
Solo la fragancia de Tu amor en mi corazón.
Oh Presente y Anonadado,
Despierta en mí el hambre
por la plenitud de Ti.

Oculto y transformante Dios de anhelos,
Mi mismo ser la sustancia que Tú deseas,
Cada persona aquí el recinto de unión divina.

Y más cerca de nosotros, no podías venir.
Más cerca de nosotros, no podías venir.

—Erin Flynn

Fe

Dios eterno, ¿quién puede entender las profundidades de Tu sabiduría, la medida de Tu poder, y la grandeza de Tu amor? Creo que Tú, el Hijo de Dios, eres el Pan vivo del cielo. Creo que estás presente, realmente y verdaderamente, en Cuerpo y Alma, Divinidad y Humanidad, en el Santísimo Sacramento del Altar. Creo que Tu Cuerpo es verdadero alimento y Tu Sangre verdadera bebida. Creo que hoy participaré realmente de Tu Santa Mesa. Todo esto lo creo porque Tú lo has revelado. ¡Fortalece mi fe, querido Jesús![12]

Humildad

JESÚS, ¿quién soy yo para que hagas tales maravillas por mi bien? Mi Dios y Salvador, fuente de infinita pureza y santidad, ¿Cómo me atrevo yo, un pobre pecador, a acercarme a Ti? San Juan Bautista, puro y santo, se consideraba indigno de desatar las correas de Tus sandalias. Los ángeles se cubren el rostro por respeto a Ti, sin embargo, yo Te voy a recibir en mi alma.

Mi extrema necesidad de Ti debe ser mi excusa. Confío en Tu bondad y misericordia; Me arrojo en Tu amor. Ayúdame, Jesús mío, y llena el vacío de mi corazón. Quita de ahí todo afecto pecaminoso. Lava mi alma del pecado por la gracia de esta Santa Comunión y elimina todo lo que pueda impedir que Tu gracia me transforme de pobre pecador que soy en santo.

Señor, no soy digno de que vengas a mí. No me atrevería a acercarme a Tu Santa Mesa si no me lo hubieras mandado. Obediente a Tu deseo y mandato, porque Te amo y deseo mi salvación, me acerco a Ti sintiendo vivamente mi indignidad y confesando: Señor, no soy digno de que vengas a mí.[13]

Contrición

JESÚS, soy una pobre criatura débil. ¡Cuántas veces el pecado ha manchado mi alma! Me inclino fácilmente al mal. Soy inconstante en hacer el bien. ¡Cuántas veces Te he sido infiel! Lo siento de verdad, oh Dios de mi corazón, no solo por no haberte amado en el pasado, sino por haber rechazado Tu gracia y amistad, por haberte dado la espalda y haberte ofendido. Señor misericordioso, lamento con todo mi corazón esta ingratitud. Detesto sinceramente todos los pecados que he cometido, porque con ellos te he ofendido, Bondad Infinita. Confío en que ya me has perdonado. Haz que no vuelva a herirte. Lava mi alma en Tu Preciosísima Sangre.[14]

> "Más que recibir nosotros a Cristo,
> es Cristo quien nos recibe a nosotros,
> incorporándonos a Sí mismo."
>
> —Obispo Fulton Sheen, *Esta es la Misa*

Oración de Santo Tomás de Aquino Antes De la Comunión

VENGO, Todopoderoso y Eterno Dios, al Sacramento de Tu Unigénito Hijo nuestro Señor Jesucristo, como un enfermo al médico de la vida, como un impuro a la fuente de la misericordia, como un ciego a la luz de la eterna claridad, como un pobre y desvalido al Señor de cielo y tierra.

Ruego, pues, por la abundancia de Tu inmensa generosidad, te dignes sanar mi enfermedad, limpiar mi impureza, iluminar mi ceguera, enriquecer mi pobreza, y vestir mi desnudez, para que así pueda yo recibir el Pan de los Ángeles, al Rey de Reyes, al Señor de Señores, con tanta reverencia y humildad, con tanta contrición y devoción, con tal fe y pureza, y con tal propósito e intención, como conviene para la salvación de mi alma.

Concédeme, Señor, que reciba, no solo el Sacramento del Cuerpo y Sangre del Señor, sino también la plenitud de Su gracia y virtud.

Oh benignísimo Dios, concédeme que reciba en mi corazón de tal modo el Cuerpo de Tu Unigénito Hijo, nuestro Señor Jesucristo, Cuerpo que tomó de la Virgen María, que merezca ser incorporado a Su Cuerpo Místico y contado entre sus miembros.

Oh Padre amoroso, concédeme que al fin pueda contemplar por siempre el rostro sin velo de Tu Hijo amado, a quien yo, peregrino en este mundo, me propongo recibir ahora bajo el velo de este Sacramento.

Pan de Mi Alma

Te adoro, Salvador mío, presente aquí como Dios y hombre, en alma y cuerpo, en verdadera carne y sangre. Reconozco y confieso que me arrodillo ante Tu Sagrada Humanidad, que fue concebida en el vientre de María, reposó en el seno de María, creció hasta la estatura del hombre, en el mar de Galilea llamó a los Doce, hizo milagros y habló palabras de sabiduría y paz; y a su debido tiempo colgó de la cruz, yació en la tumba, resucitó de entre los muertos, y ahora reina en el cielo.

Yo Te alabo, Te bendigo, y me entrego totalmente a Ti, que eres el verdadero Pan de mi alma y mi eterna alegría.

—Adaptado de una oración del
Cardenal John Henry Newman

Agua y Vino

Oh Señor, Tú no te manchaste con la mujer impura que tocó el borde de Tu manto y se curó. Tu santidad no disminuyó al sentarte a la mesa con los pecadores o permitir que un corazón penitente lavara Tus pies con sus lágrimas. Tú atraes a los que están heridos hacia Ti — elevando nuestra humanidad caída como el agua se mezcla con el vino — para que podamos ser sanados, y para que podamos ser uno Contigo.

Vengo ahora como uno de la multitud, pero consciente de que me ves como si realmente fuera el único. Soy un pecador, Señor, pero Tu misericordia es más grande que mi pecado, y Tu amor me da el coraje de venir en mi quebranto. Me acerco deseando no solo tocarte, sino recibirte en mi cuerpo. No entiendo cómo Tú, Aquel que no puede ser contenido, entrarás y formarás parte de mí, pero sé que eso es exactamente lo que deseas.

Ven, Señor, y con todo Tu ser, oculto en esta comida celestial que ahora consumo, entra en el aposento de mi soledad y consúmeme. No permitas que mis debilidades o mis dudas obstaculicen el poder de Tu Presencia. Me arrepiento, Señor, y elijo querer lo que Tú quieres. Haz que esta Santa Comunión me transforme.

Déjame salir de aquí diferente porque estás dentro de mí. Quédate en mi interior hasta que no haya oscuridad que me impida ver como Tú ves. Erradica el miedo, el amor propio, y todo lo que me aleja de Ti, hasta que solo haya luz, hasta que confíe en Ti por completo, hasta que ame como Tú amas.

—Erin Flynn

Perdóname, Senor

OH Señor y Maestro, Jesucristo, Dios mío: solo Tú tienes poder para absolvernos de los pecados. Perdona todas mis faltas, cometidas deliberadamente o a causa de la fragilidad humana, de palabra o de obra. Concédeme que, sin condenación, pueda participar de Tus divinos, gloriosos, purísimos, y vivificantes Misterios. Haz que la participación en Tu Cuerpo y en Tu Sangre me obtenga el perdón de mis pecados y la sanación de mi alma y de mi cuerpo, y sea prenda de la vida futura en Tu reino; porque Tú eres un Dios benigno y misericordioso; y Te glorificamos a Ti, Padre, Hijo, y Espíritu Santo, ahora y por siempre.

—San Juan Damasceno

Santifica Mi Alma y Mi Cuerpo

OH Señor mi Dios, cuán bien sé que no soy digno de que entres en el templo de mi alma. Pero ruego que, así como Te humillaste y Te hiciste hombre por nuestra causa, también tengas paciencia con mi pequeñez. Así como no rehusaste entrar en casa de Simón y cenar allí con los pecadores, entra ahora en la morada de mi alma humilde y pecadora. Así como no rechazaste a la mujer pecadora que se Te acercó y Te tocó, tampoco me rechaces a mí, pecador, cuando vengo a Ti y también Te toco. Concédeme que participe de Tu Purísimo Cuerpo y de Tu Preciosísima Sangre para salud de mi alma y de mi cuerpo, remisión de mis pecados, protección contra los ataques del Diablo, aumento de Tu gracia divina y herencia de Tu Reino celestial. Oh, misericordioso Señor, santifica mi alma y mi cuerpo, y hazme digno de estar a Tu derecha con todos tus santos.

—San Juan Crisóstomo

Don Tan Grande

OH Dios mío, la santidad es lo propio de Tu Casa y, sin embargo, estableces Tu morada dentro de mí. Mi Señor, mi Salvador, vienes a mí oculto bajo la apariencia de cosas terrenales, sin embargo, con la misma carne y sangre que tomaste de María. Dios mío, Tú me ves como ni siquiera yo puedo verme a mí mismo. ... Cuando Te digo: "Señor, no soy digno," solo Tú comprendes en su plenitud las palabras que uso. Solo Tú ves lo indigno que es un pecador tan grande de recibir al Único Dios Santo, a quien los Serafines adoran con estremecimiento. Tú ves todas las manchas y cicatrices de mis pecados pasados, todos mis malos hábitos, todos mis deseos desordenados, todos mis pensamientos descarriados, todas mis debilidades y miserias. ¡Y sin embargo vienes!

Oh Señor, ayúdame a ser más digno de un don tan grande. Dame una verdadera percepción de las cosas que no se ven, y haz que, de verdad, prácticamente, y en todos los detalles de la vida, te prefiera a Ti a cualquier cosa de este mundo, y el mundo futuro al presente.

—Adaptado de una oración del Cardenal John Henry Newman

Concédeme Que Pueda Recibirte

SEÑOR, concédeme que pueda recibirte con la pureza, la humildad, y el amor con que Tu Santísima Madre Te recibió, y con el fervor y el espíritu de los santos.[15]

Oh Ven, Permanece En Mí

JESÚS, Tú vienes a mí,
Tú, Palabra hecha carne por mí,
Tú, Señor, que moriste por mí,
Tú, Amor hecho Alimento por mí.

¡Ven, permanece en mí!
Ven, Jesús, también a mí,
que fui redimido por Ti,
que estoy enamorado de Ti,
que Te anhelo.
¡Ven, permanece en mí!

Jesús mío, ven a mí
a reinar sobre Tu trono,
a reinar solo Tú supremo.
Para hacerme todo Tuyo.
¡Ven, permanece en mí![16]

"Soy alimento de adultos: crece,
y podrás comerme. Pero no
me transformarás en tu propia substancia,
como sucede con la comida corporal,
sino que tú te transformarás en mí."

—San Agustín, *Confesiones*

Un Templo Verdadero

SEÑOR Jesús, mientras como Tu Cuerpo y bebo Tu Sangre, que Tu caridad se derrame tan abundantemente en mi alma que el amor a los demás llegue a brotar en mi corazón de tal manera que ni odio perverso, ni profunda envidia, ni fuerte malicia puedan permanecer en él.

Por Tu Santo Cuerpo, perdona las faltas que haya cometido por la fragilidad de mi carne. Oh, Cristo, Tú que solo eres puro, por el poder de Tu gracia borra toda suciedad de mi mente, y toda mancha de mi alma.

Oh Dios, Tú que eres la verdadera paz, mantén mi alma tranquila y mi mente reposada en Ti; porque donde hay paz, Tú mismo estás presente, y donde Tú estás, todo lo que hay allí es Tuyo.

Ven, pues, Señor, toma posesión de mí para siempre, y haz que sea un verdadero templo de Tu Espíritu Santo.[17]

ANTES DE COMULGAR

Confiando, Vengo a Ti

OH Señor, sé que no soy digno de recibir Tu Santo Cuerpo y Tu Preciosa Sangre, y que, si no discierno primero el Cuerpo y la Sangre de Cristo, mi Dios, como y bebo mi propia condenación. Pero confiando en Tu amorosa bondad, vengo a Ti que dijiste: "El que come mi Cuerpo y bebe mi Sangre, habitará en Mí y Yo en él."

Por eso, Oh Señor, trata a este siervo tuyo pecador según Tu gran misericordia, y concédeme que estos Santos Dones me obtengan sanación, purificación, iluminación, protección, salvación, la santificación de mi alma y de mi cuerpo, y expulsen de mí toda imaginación desordenada, acción pecaminosa, u obra del maligno. Que me muevan a confiar plenamente en Ti, a amarte siempre, enmendar firmemente mi vida y permanecer fiel a esta intención; y que tengan como efecto en mí el aumento de la virtud, la inhabitación permanente del Espíritu

Santo, y la protección contra todo lo que me impida vivir eternamente Contigo.

—San Basilio

Prepara Mi Corazón

MARÍA, tú fuiste la primera a quien se le pidió creer que Dios mismo quería encarnarse en tu seno.

Ven ahora a mi corazón, y ayúdame a creer que este mismo Dios quiere vivir en mí. Prepara mi corazón para recibirlo, purificándolo de cualquier cosa impura o profana. Y cuando diga "Amén," haz que sea un Fiat, un completo "sí" a Su voluntad y una aceptación gozosa de Su vida en mí.

—Vinny Flynn

"¡Qué todos se llenen de temor,
que tiemble el mundo entero,
y exulten los cielos cuando Cristo,
el Hijo del Dios vivo,
está presente en el altar en las manos de un sacerdote!
¡Oh, maravillosa grandeza y estupenda dignidad!
¡Oh sublime humildad! ¡Oh humilde sublimidad!
¡El Señor del universo, Dios e Hijo de Dios,
se humilla tanto que se oculta por nuestra salvación
bajo un ordinario pedazo de pan!"

—San Francisco

AL COMULGAR

FIAT/AMÉN (FORMA BREVE)

SÍ, Señor, Amén. *Fíat*. Hágase en mí según Tu palabra. Sí, Señor, hazte carne en mí. Déjame convertirme en Eucaristía viva, reflejando Tu amor a todos los que encuentre.

FIAT/AMÉN (FORMA LARGA)

¡AMÉN! Sí, Señor, creo que estás verdaderamente presente aquí, Cuerpo y Sangre, Alma y Divinidad, escondido bajo lo que aún parece ser pan. Sí, Señor, creo que realmente quieres vivir en mí, carne de mi carne.

¡*Fíat*, Señor! Hágase en mí según Tu voluntad. Vive en mí. Deja que todo Tu "modo de ser" pase a mí: Tus pensamientos, Tus sentimientos, Tus actitudes, Tus valores, Tu forma de ver, vivir, y amar.

Mantenme consciente de Tu presencia dentro de mí cuando salga de esta Iglesia, y permíteme llevarte conmigo al mundo. Déjame convertirme en Eucaristía viva, en un sagrario viviente de Tu amor.

Déjame ser, como María, una custodia viva, que lleve Tu amor y el poder de Tu Espíritu a todos los que encuentre, para que ellos, como el bebé en el vientre de Isabel, puedan saltar de alegría ante la ternura de Tu presencia.

—Vinny Flynn[18]

Mis Oraciones para la Comunión

MIS ORACIONES PARA LA COMUNIÓN

Yo Soy Él

¿A dónde vas?
Tú, mi amado,
Siéntate conmigo en la quietud,
Respira profundamente en mi amor.

Yo soy Él que guía tus días
y guarda tus noches,
Yo soy Él que calma tus miedos,
Yo soy Él que te da fuerzas
cuando estás cansado,
Yo soy Él, Yo soy Él.

¿Te apresuras a volver al ajetreo de tu día?
Aguarda un momento,
todo seguirá ahí,
Mi amor te preparará.

Yo soy Él que te rodea de belleza,
Yo soy Él que te sostiene cuando estás sufriendo,
Yo soy Él que te ama cuando todo lo demás
se desvanece,
Yo soy Él, Yo soy Él,
Respira profundamente en mi amor.

—Erin Flynn

ORACIONES DE ACCIÓN DE GRACIAS

"Los minutos que siguen a la Comunión son los más preciosos que tenemos en nuestras vidas."

—Santa María Magdalena de Pazzi

Transfórmame En Ti

¡QUÉ afortunado soy, Señor! Acabo de recibirte como el Alimento de mi alma. Cuando recibo alimento, lo cambio en mi propio cuerpo; pero cuando Tú te me das como Alimento, deseas transformarme en Ti. Te ruego encarecidamente que lo hagas por medio de esta Sagrada Comunión.[19]

Para la Pureza del Corazón

HAZ, Señor, que recibamos con un corazón limpio el alimento que acabamos de tomar, y que el don que nos hace en esta vida nos aproveche para la eterna.

—Del Ordinario de la Misa, *Misal Romano*

Gratitud

Con gratitud, me acerco a Ti
Porque vienes a mí en toda mi miseria,
En toda mi debilidad.
Yo soy pequeña, y Tú eres el Dios de todo.

Sin embargo, Te alegras de entrar en mí,
Ocultando toda Tu gloria
Hasta esconderte en mi interior,
Y estallar entonces como un surtidor
Que riega todos los rincones que Te abro.

Con gratitud, me acerco a Ti
Porque solo quiero sentarme Contigo ahora,
Sin preguntar, sin hablar de mi amor,
De mis problemas, o incluso de Tu grandeza.
No hablando en absoluto,
Sino simplemente estando.
Aquí. Contigo. Viviendo dentro de mí.

—Erin Flynn

Acto De Acción De Gracias

DIOS de infinita bondad, ¿Quién soy yo para que me permitas participar de este pan de los ángeles? ¿Cómo puedo ser yo objeto de semejante misericordia inefable?

Vengan todos, ángeles y santos de Dios, y les contaré las grandes maravillas que nuestro Señor ha hecho por mi alma. Él me levantó del polvo y me libró de las ataduras del pecado; Él me ha dicho que no me desaliente, porque Él mismo será mi apoyo y mi fortaleza; y aunque lo haya abandonado con mis repetidas caídas, Él me llama una vez más, y me invita a recibir el pan de la vida, para que, así como Él me hizo, pueda yo vivir por Él.

¿Qué gracias podría darte, oh misericordioso Jesús, Salvador del mundo? ¿Qué podría darte a cambio por todo lo que has hecho por mi alma? Si tuviera que dar todo lo que tengo en reconocimiento de Tu amor, aún sería como nada; porque Tú, Señor, te has derramado en mí y me has dado todo lo que eres. Y si, en acción de gracias por Tus misericordias, tuviera que entregarte mi cuerpo y mi alma, mi vida, mi libertad, y todo lo que poseo, ¿qué sería eso, en comparación con las bendiciones que me has otorgado?

¿Qué podría darte que fuera igual a lo que recibo de Ti, oh Único infinito? Te has dado misericordiosamente a mí para alimento de mi alma; y ahora, simplemente quiero ofrecerte todo lo que tengo, todo lo que soy, todo lo que poseo. Lo pongo todo en Tus manos, para que, siendo totalmente Tuyo, ya no me aferre a mi propia voluntad, sino solo viva para Ti.[20]

Oración de Santo Tomás de Aquino para Después de la Comunión

TE doy gracias, oh Padre Eterno, porque, por pura misericordia Tuya, sin mérito alguno de mi parte, Te has dignado alimentar mi alma con el Cuerpo y la Sangre de Tu Único Hijo. Te suplico que esta Sagrada Comunión no sea para mí, motivo de condenación, sino remisión efectiva de todos mis pecados.

Que fortalezca mi fe, me aliente en la práctica de las buenas obras, me libere de mis hábitos pecaminosos, me quite toda concupiscencia, me perfeccione en la caridad, paciencia, humildad, obediencia, y todas las demás virtudes.

Que sea una defensa firme contra todas las insidias de mis enemigos, visibles e invisibles; modere prudentemente mis inclinaciones, tanto carnales como espirituales; me una estrechamente a Ti, el único Dios verdadero; y finalmente, me introduzca en la bienaventuranza eterna, admitiéndome, aunque indigno pecador, como invitado a Tu banquete divino, donde Tú, con el Hijo y el Espíritu Santo, eres la verdadera luz, la plenitud eterna, la alegría perdurable, y la felicidad perfecta de todos los santos.

Dios Santo Y Bondadoso

DIOS Santo y Bondadoso, Te ruego me concedas: inteligencia para comprenderte, razón para discernirte, diligencia para buscarte, sabiduría para encontrarte, un espíritu para conocerte, un corazón para meditar sobre Ti, oídos para escucharte, ojos para verte, una lengua para proclamarte, un modo de vida que Te sea agradable, paciencia para esperarte, y perseverancia para anhelarte. Concédeme un fin perfecto: Tu santa presencia, una resurrección gloriosa, y la vida eterna.

—San Benito de Nursia

"Detengámonos amorosamente con Jesús."

—Madre Teresa de Calcuta

Quédate Conmigo, Señor

QUÉDATE conmigo, Señor, porque es necesario que estés presente para que no Te olvide. Sabes lo fácilmente que Te abandono.

Quédate conmigo, Señor, porque soy débil, y necesito Tu fuerza para no caer tan a menudo.

Quédate conmigo, Señor, porque Tú eres mi vida, y sin Ti no tengo fervor.

Quédate conmigo, Señor, porque Tú eres mi luz, y sin Ti estoy en la oscuridad.

Quédate conmigo, Señor, para mostrarme Tu voluntad.

Quédate conmigo, Señor, para que pueda escuchar Tu voz y seguirte.

Quédate conmigo, Señor, porque deseo amarte mucho y estar siempre en Tu compañía.

Quédate conmigo, Señor, y ayúdame a serte fiel.

Quédate conmigo, Señor, y deja que mi pobre alma sea un lugar de consuelo para Ti, un nido de amor.

Quédate conmigo, Señor, porque solo a Ti Te busco, Tu Amor, Tu Gracia, Tu Voluntad, Tu Corazón, Tu Espíritu; Porque Te amo y no pido ninguna otra recompensa sino amarte más y más. Amén.

—Adaptado de una oración del Padre Pío
para después de la Comunión.

Anima Christi

ALMA de Cristo, santifícame.
Cuerpo de Cristo, sálvame.
Sangre de Cristo, embriágame.
Agua del costado de Cristo, lávame.
Pasión de Cristo, confórtame.
¡Oh, buen Jesús!, óyeme.
Dentro de tus llagas, escóndeme.
No permitas que me aparte de Ti.
Del maligno enemigo, defiéndeme.
En la hora de mi muerte, llámame,
Y mándame ir a Ti,
Para que con Tus santos Te alabe.
Por los siglos de los siglos.
Amén.

—Tradicionalmente atribuida a
Santo Tomás de Aquino

Atráeme a Ti

OH, atráeme ahora enteramente a Ti, divino Amante; mi mente con todos sus pensamientos, mi corazón con todos sus deseos y afectos, mi voluntad con todas sus acciones, mi cuerpo con todos sus sentidos, para que no pueda vivir más en mí, Jesús, sino en Ti.

—San Pedro Julián Eymard

Acto de Amor

DIOS mío, ¿qué puedo ofrecer yo a cambio de este tremendo regalo, o qué debo hacer para apreciarlo tanto como se merece? ¿Es posible que no te ame continuamente después de tales pruebas evidentes de Tu amor? Me has amado tanto como para dar Tu vida por mí; ¿Y podría dar a cambio de un amor tan ilimitado, algo menos que vivir solo para Ti? Te has dado en este momento por entero a mí; ¿Y podría yo a partir de ahora no ser totalmente Tuyo?

No permitas, oh Dios, que sea desagradecido o desatento a Tu amor y a mi propia salvación. Por tanto, declaro en Tu presencia que Te seré fiel en el futuro y nunca me apartaré de Ti con la más mínima desobediencia. Nunca olvidaré Tu bondad y misericordia hacia mí. Te amaré con todo mi corazón; porque Tú, oh Señor, eres mi fortaleza, mi apoyo, mi refugio, y mi libertador —Tú eres mi Dios y mi todo. ¿Qué hay en el cielo o en la tierra que debería amar más que a Ti, el Dios de mi corazón, la herencia y la única felicidad por la que me esfuerzo? Te he elegido a Ti, y nada me hará cambiar.

UNA OBLACION

¿QUÉ promesa puedo hacerte, oh Salvador mío, para mostrarte cuán sincero es el amor que Te profeso? No tengo nada digno de Ti, y si lo tuviera, no tengo más que lo que es Tuyo; pero tal es Tu bondad, que Te contentas con aceptar de nosotros lo que ya es Tuyo.

Entonces, he aquí, te ofrezco mi cuerpo y mi alma, que ahora están santificados por Tu divina presencia. Te los consagro para siempre, ya que los has elegido como templo Tuyo; mi cuerpo para ser continuamente empleado en Tu servicio, y nunca más se convierta en instrumento de pecado; mi alma para que Te conozca, Te ame, y sea siempre más fiel a Ti.

Bendice, Señor, la ofrenda que aquí Te hago. "Bendice, oh Señor, esta casa." No permitas que mi cuerpo se contamine con el placer sensual, ni mi alma con la voluntad de cometer ningún pecado grave; porque, como ahora estoy resuelto a servirte en cuerpo y alma, trabajaré para corregir cualquier inclinación al mal. Renuncio a todos mis deseos mundanos, mis inclinaciones pecaminosas, mi ira, mi orgullo, mi amor propio, mi propia voluntad, y cualquier otra cosa que Te ofenda.

Te Entrego Todo Mi Ser

OH Jesús, concédeme Tu vida divina, que Tu sangre pura y generosa lata con toda la fuerza en mi corazón. Te ofrezco todo mi ser. Transfórmame en Ti y hazme capaz de cumplir en todo Tu santa voluntad, de compensarte con mi amor. ... Que Tu amor puro y omnipotente sea un estímulo para obrar.

—Santa Faustina, *Diario*, 832

Someter Mi Voluntad

QUERIDO Jesús, ... por medio de esta Sagrada Comunión que acabo de recibir, permíteme permanecer en Ti. ... Ayúdame a permanecer en Tu amor cumpliendo Tu Voluntad perfectamente y prefiriendo Tus deseos a los míos. Estoy decidido a hacer míos Tus intereses y entregarme a Ti por completo, sin calcular el costo, sin reservar ni reclamar nada.

Pongo mi absoluta confianza en Tu sabiduría, Tu poder, Tu fuerza, y Tu amor. ... Concédeme que mi alma permanezca entregada a Ti ... y que Tu acción sea tan poderosa que mi alma pueda alcanzar una santidad cada vez mayor. ...

Mi amado Salvador, que Tu venida a mí establezca entre Tus pensamientos y los míos, entre Tus sentimientos y los míos, entre Tu voluntad y mi voluntad, tal intercambio, tal unidad, que no tenga otros pensamientos, otros sentimientos, otros deseos que los de Tu Sagrado Corazón — y todo esto por medio del amor. Que por amor mi voluntad se someta a Ti y, con ella, todo mi ser, todas mis energías, y todo lo que soy.[21]

Me Entrego a Ti

SEÑOR Jesús, así como Tú te has entregado a mí, ahora déjame entregarme a Ti. Te entrego mi cuerpo para que sea casto y puro. Te entrego mi alma para que esté libre de pecado. Te entrego mi corazón para que siempre Te ame. Te entrego cada aliento que respire, especialmente el último. Me entrego a Ti en la vida y en la muerte, para que pueda ser Tuyo para siempre.

Ningún Vestigio de Pecado

QUE Tu Cuerpo, oh Señor, que he comido, y Tu Sangre que he bebido, se adhieran a mi alma para que, al ser renovado por estos misterios puros y santos, no quede en mí ningún vestigio de pecado.

—Del Rito Latino de Abluciones

Como Un Cristal

EXPONGO mi corazón a la acción de Tu gracia, como el cristal a los rayos del sol; que Tu imagen divina se refleje en mi corazón tanto cuanto es posible reflejarse en una criatura; Tu que vives en mi alma, [haz] que a través de mi irradie Tu Divinidad.

—Santa Faustina, *Diario*, 1336

Este Divino Misterio

PADRE de misericordia y Dios de todo consuelo, mírame con benevolencia y dame la bendición que brota de este santo Sacramento. Cúbreme con Tu amorosa bondad, y deja que este misterio divino fructifique en mí.

—San Blas (*Irradiando a Cristo*)

Mora en Mi Alma

JESÚS, Hijo de Dios, por fin has venido a morar en mi alma. Te doy la bienvenida con todo mi corazón. Te doy gracias por darme el privilegio de recibirte enteramente, Tu divinidad y Tu humanidad, Tu cuerpo, Tu sangre, Tu alma. Que esta santa comunión produzca en mi alma todos los efectos que Tú deseas. No dejes que nada se interponga en el camino de Tu gracia.[22]

Mi Vida una Irradiación de la Tuya

QUERIDO Jesús, ayúdame a esparcir Tu fragancia donde quiera que vaya. Inunda mi alma con Tu espíritu y vida. Penetra y posee todo mi ser tan completamente que mi vida solo pueda ser una irradiación de la Tuya.

Brilla a través de mí y mora tan íntimamente en mí que cada persona con la que entre en contacto pueda percibir Tu presencia en mi alma. Haz que me miren y no me vean más a mí, sino ¡solamente a Ti, Jesús!

Quédate conmigo, y entonces comenzaré a brillar como Tú brillas, para que pueda ser luz para los demás. La luz, Jesús, irradiará toda de Ti, no de mí. Serás Tú quien ilumines a los demás a través de mí. Permíteme alabarte de la manera que más Te agrada, siendo luz para los que me rodean. Haz que Te predique sin predicar, no con palabras, sino con el ejemplo, por la fuerza contagiosa, por la influencia positiva de todo lo que hago, y por la evidente plenitud del amor que Te tiene mi corazón.

—Cardenal John Henry Newman

María, Dame Tu Corazón

MARÍA, Madre de Jesús, danos tu amor, tu corazón, tan hermoso, tan puro, tan inmaculado, tu corazón tan lleno de amor y humildad, para que podamos amar a Jesús como tú lo amaste, y servirle bajo el manto de aflicción de los pobres.

—Madre Teresa[23]

Tarde Te Amé

¡TARDE Te amé, hermosura tan antigua y tan nueva, tarde Te amé! Tú estabas dentro de mí y yo afuera, y era allí donde Te buscaba; y, deforme como era, me lanzaba sobre las cosas hermosas que Tú creaste. Tú estabas conmigo, más yo no estaba Contigo. Me retenían lejos de Ti aquellas cosas creadas que, si no estuviesen en Ti, no existirían. Tú llamaste y clamaste, y quebraste mi sordera. Brillaste y resplandeciste, y curaste mi ceguera; exhalaste Tu perfume sobre mí, y lo aspiré, y ahora Te anhelo. Gusté de ti, y ahora siento hambre y sed de Ti; me tocaste, y deseo con ansia la paz que procede de Ti.

—San Agustín

Petición

VENGO con un corazón lleno de peticiones,
Un corazón quebrantado con el peso
de tanta necesidad.

Pero al recibirte, Jesús, me quedo en silencio.
Sé que es bueno pedir,
Que amas a un alma generosa y desinteresada.
Pero deja que mi pedir sea solo una moción ahora.
Me muevo hacia mi interior y Te encuentro,
Entrando en Tu corazón.
Y conmigo vienen todos aquellos
por quienes me preocupo,
Los he guardado a todos en mi corazón.

Mi amor solo puede hacerles poco bien,
Pero me recojo en Ti
Para sentir la respiración de Tu amor,
El ritmo de los latidos al unísono
Cuando mi corazón se derrite en el Tuyo.

Y ellos están aquí sentados conmigo
Descansando — descansando.

Los traigo a exponerse a la Presencia
De Aquel que puede satisfacer
Todas sus necesidades.

—Erin Flynn

Divino Maestro, Esposo de Mi Corazón

DIVINO Maestro, Esposo de mi corazón, Te seguiré a todas partes con María, mi Madre. Teniéndote a Ti, ¿no poseo todas las riquezas? Amarte y complacerte — ¿no es esa la mayor felicidad de la vida? Compartir tus sacrificios, tus sufrimientos, tu muerte — ¿no es esa la victoria más gloriosa del amor? ¡Oh Dios mío, mi mente está decidida! No pongo más condiciones ni reservas en mi amor por Ti. Te seguiré en todas las cosas, sí, incluso al Calvario. ¡Habla, perfora, corta, quema! ¡Mi corazón es altar y víctima!

—San Pedro Julián Eymard

Nuestra Señora del Santísimo Sacramento

NUESTRA Señora del Santísimo Sacramento, ruega por mí para que pueda llegar a ser, como tu hijo Jesús, pan para la vida del mundo. Por Él, con Él, y en Él, que mi vida sea un sacrificio vivo y gozoso de amor y alabanza para el honor y la gloria de Dios nuestro Padre. Amén.

—Alice Claire Mansfield[24]

Oración de Abandono

PADRE mío, me abandono en tus manos. Haz de mí lo que quieras. Sea lo que sea, te doy gracias, estoy dispuesto a todo, lo acepto todo con tal que Tu voluntad se haga en mí y en todas tus criaturas. No deseo nada más, Dios mío.

Pongo mi vida en Tus manos. Te la doy, Dios mío, con todo el amor de mi corazón, porque Te amo, Señor, y porque necesito darme, entregarme en Tus manos sin medida, con infinita confianza, porque Tú eres mi Padre.

—Beato Charles de Foucauld

EN EL MOMENTO DE LA BENDICIÓN FINAL

Mientras el sacerdote da la bendición final y haces la señal de la cruz, puedes pedirle al Señor que extienda esa bendición a otros.

SEÑOR, haz que esta bendición se extienda también a __________ (cualquiera de tus seres queridos u otras personas que vengan a tu mente) y a todos aquellos que más la necesitan.

DESPEDIDA

Ayúdame a Entender

SEÑOR, ayúdame a entender plenamente que éste no es el final de la Misa, sino un envío que me compromete a compartir con otros lo que he recibido.

Al Dejar Este Sagrado Banquete

OH Señor, he participado en Tu sagrado banquete. He sido alimentado con el pan de los ángeles, convertido en el pan de los seres humanos mortales. ¡Eso me sobrepasa! Tú, el Salvador del mundo, has venido a mí, a mi propio ser de la manera más íntima. ... Oh Señor, ayúdame a aceptar como don tuyo todo lo que este día me pueda deparar. Al dejar este Sagrado Banquete lleno de la gracia de esta Santa Comunión, permíteme llevarte a los demás con mi amabilidad, generosidad, perdón, paciencia, y amor. Ayúdame a salir de la prisión de mi egoísmo, de lo que creo que es importante para mí. Dame la gracia de ser Tú para los demás y de encontrarte a Ti en ellos.

—P. Benedict Groeschel[25]

ANTES DE SALIR DE LA IGLESIA

DESBORDAMIENTO

¿DE qué sirve recibirte si no Te
llevo al mundo?
"María se puso en camino presurosa ..."
¿De qué sirve unirme a Ti con amor si no
amo a mis hermanos?
"Sabrán que son mis discípulos ..."

¿Sería siquiera posible estar
verdaderamente unidos a la Bondad
y no compartir esa bondad?
¿Qué tipo de unión sería,
si sigo siendo la misma después de eso?

No permitas que me quede como soy, Jesús.
Ayúdame a preparar mi corazón
para una verdadera unión contigo,
una unión que Te revele al mundo
de manera única a través de mí.

¿De qué sirve que vengas a mí,
si no Te llevo a mi prójimo?
¿De qué sirve, Señor, que Tú me llenes
si yo no me desbordo?

—Erin Flynn

Una Hostia Elevada En Mí

VINE con mis pecados, mis problemas,
mi debilidad, mis limitaciones.
Me voy con la vida de Cristo,
con la Hostia en mi alma.
Haz que me vaya como una hostia,
ofrecida con Él y por el amor a Él
a todos aquellos con los que entre
en contacto hoy.

Haz que sea un Cristo para ellos,
amando con Su amor,
sin sentimentalismo ni egoísmo,
sin pedir nada,
sino con mi propio corazón
como altar de sacrificio,
donde Él será ofrecido por ellos,
con paciencia, con sumisión,
con compasión, con actitud de servicio,
con cooperación, con abnegación,
con sacrificio, con la lucha contra
mi propio egoísmo
y, Te lo ruego, Dios mío,
con el morir a mí mismo.
Haz que Él sea una hostia elevada en mí,
en aquellos lugares donde de otra manera
la Hostia no podría llegar.

Haz que muestre Su belleza,
Su sencillez, Su atractivo,
con mi risa, mi ternura,
mi interés en sus asuntos,
viendo lo bueno que hay en ellos,
fomentando sus aspiraciones,
haciéndome, de corazón —
no solo exteriormente —
accesible a ellos.

Haz que Lo revele incluso cuando fracaso,
con mi humildad, al reconocer mis faltas
sin servilismo, sin morbo,
sin la vanidad del que se sorprende
ante su propio fracaso;
sino pidiendo perdón y siguiendo adelante,
con mi confianza en Él.

Haz que trabaje con Su devoción
al deber, a la voluntad de Dios,
y para la gloria de Dios.
Haz que mi alma sea Su Nazaret.
Haz que Cristo en mí,
esté entre mis compañeros de trabajo,
y sea, en modos que solo Tú conoces,
luz y fortaleza para ellos.
Haz que sean más felices porque en mí,
Él, con exquisita cortesía,

ha elegido estar entre ellos.

Esta mañana he estado en el cielo,
y el cielo ha venido a morar en mí;
haz que lleve el cielo conmigo al mundo.[26]

Ven Conmigo, Señor

Y ahora, Señor Jesús, Te dejo por un rato, pero espero que no sea sin Ti, que eres mi consuelo y la mayor satisfacción de mi alma. A Tu amor y protección confío mi persona, esta comunidad, mis familiares, mi país, mis amigos y enemigos. Ámanos, Señor, cambia nuestros corazones, y transfórmanos en Ti. Haz que pueda trabajar completamente en Ti y para Ti; y que Tu amor sea el origen de todos mis pensamientos, palabras, y obras.

Mis Oraciones De Acción De Gracias

Mis Oraciones De Acción De Gracias

Mis Oraciones De Acción De Gracias

"En este cáliz de oro pongo
tus comuniones sacramentales.
En este cáliz de plata pongo tus comuniones espirituales.
Ambos cálices me son muy agradables."

—Nuestro Señor a Santa Catalina de Siena[27]

"La manera de recibir
este sacramento es doble,
espiritual y sacramental.
El efecto de un sacramento
puede ser asegurado si se recibe con el deseo.
Incluso al desearlo,
una persona recibe la gracia
por la cual está espiritualmente viva."

—Santo Tomás de Aquino[28]

ORACIONES PARA LA COMUNIÓN ESPIRITUAL

"Me agrada tanto que un alma desee recibirme que corro hacia ella cada vez que me llama con sus anhelos."

—Jesús a Sta. Margarita María de Alacoque[29]

UN ACTO DE COMUNIÓN ESPIRITUAL

JESÚS mío, creo que estás en el Santísimo Sacramento. Te amo sobre todas las cosas, y Te anhelo con toda mi alma. Ya que ahora no puedo recibirte sacramentalmente, ven al menos espiritualmente a mi corazón. Como si Te hubiera recibido, Te abrazo y me uno por completo a Ti. Nunca permitas que me separe de Ti.

Visítame Con Tu Gracia

JESÚS, me dirijo al santo sagrario donde habitas escondido por amor a mí. Te amo, Dios mío. No puedo recibirte en la Sagrada Comunión. Ven, sin embargo, y visítame con Tu gracia. Ven espiritualmente a mi corazón. Purifícalo. Santifícalo. Hazlo semejante al Tuyo.

—Monseñor M.J. Doyle[30]

María Colócalo en Mi Alma

OH Reina Inmaculada del cielo y de la tierra, Madre de Dios y Medianera de todas las gracias. Creo que tu Hijo muy amado, Nuestro Señor Jesucristo, está verdadera, real, y sustancialmente presente en el Santísimo Sacramento. Yo lo amo sobre todas las cosas, y deseo recibirlo en mi corazón.

Como ahora no puedo recibirlo sacramentalmente, te pido que lo coloques espiritualmente en mi alma. Oh Jesús mío, Te abrazo como Aquel que ya ha venido, y me uno por completo a Ti. Nunca permitas que me separe de Ti. Amén.

Anhelo Que Me Llenes

JESÚS, como siempre, tantas cosas reclaman la atención de mi mente y mi corazón. En este momento, aquí, ahora, me alejo del ruido y entro en el silencio de la eternidad. Me uno a Tu Presencia Eucarística, mientras estás sentado, amándonos desde todos los sagrarios del mundo.

Señor, no puedo recibirte ahora en la Sagrada Comunión, pero anhelo que me llenes de Ti de todos modos. Me abro completamente a Ti, a Tu poder, a Tu sabiduría, a Tu amor. Haz que todo lo que soy se transforme por todo lo que Tú eres. Te vuelvo a consagrar este día para que cada uno de mis pensamientos, palabras y acciones se llenen de Tu Presencia.

—Erin Flynn

Al Pie de Tu Altar

COMO hoy no puedo estar presente en los Santos Misterios, Oh Dios mío, me transporto espiritualmente al pie de Tu altar. Me uno a la Iglesia que, por las manos del sacerdote, Te ofrece, Padre, a Tu Hijo amado en el Santo Sacrificio. Me ofrezco con Él, por Él, y en Su nombre. Te adoro y Te doy gracias, implorando Tu misericordia, invocando Tu ayuda, y alabándote como mi creador.

Aplica a mi alma, Oh Jesús misericordioso, la gracia que ganaste para mí en la cruz, y que se me ofrece ahora por medio del gran don de la Eucaristía. Aplícala también a aquellos por quienes deseo particularmente orar.

Aunque no puedo recibirte físicamente en la Sagrada Comunión, deseo recibirte espiritualmente, para que Tu Sangre me purifique, Tu Carne me fortalezca, y Tu Espíritu me santifique. Haz que nunca olvide que Tú, mi divino Redentor, moriste por mí. Haz que muera en este mundo a todo lo que no sea de Ti, para que después de esta vida pueda vivir Contigo eternamente. Amén.

Que Siempre Te Anhele

SEÑOR Jesucristo, concédeme que mi alma tenga hambre de Ti, el Pan de los Ángeles, Alimento de las almas santas, Pan nuestro de cada día que siempre nos satisface. Haz que siempre Te anhele, Te busque, Te encuentre, me dirija hacia Ti, llegue a Ti, medite sobre Ti, hable de Ti, y haga todas las cosas para alabanza y gloria de Tu santo nombre.

—De una oración de San Buenaventura

Ven a mí, Palabra Encarnada

SEÑOR, vengo desde donde estoy,
Para entrar en Tu Presencia,
oh Dios de Amor.
No puedo consumir esta comida celestial,
Pero ven como si realmente
te hubiera recibido.

Ven como si Tu Presencia me llenara,
Ven como si Tu Sangre corriera
a través de mí,
Ven y deja que nuestros seres se
fundan en uno,
Ven a mí, Palabra Encarnada.

Oh Jesús, tráeme el descanso del cielo,
El toque de ternura del Padre,
El Espíritu y todas las rodillas que se doblan,
Tráeme el Eterno Ahora.

—Erin Flynn

"Si practicas el piadoso ejercicio de la comunión espiritual varias veces al día, dentro de un mes verás que tu corazón cambia por completo."

—San Leonardo de Puerto Mauricio

Mis Oraciones para la Comunión Espiritual

Mis Oraciones para la Comunión Espiritual

ADORACIÓN EUCARÍSTICA

"Comulgar con Cristo
exige que lo contemplemos,
dejemos que Él nos contemple,
scucharlo, conocerlo.

La adoración es simplemente
el aspecto personal de la Comunión...

Dios nos espera
en Jesucristo en el Santísimo Sacramento
¡No lo dejemos esperando en vano!

No permitamos que,
por las distracciones y el letargo,
descuidemos lo más grande
y más importante que la vida nos ofrece."

—Cardenal Joseph Ratzinger[31]

ORACIONES PARA LA ADORACIÓN

"Sin adoración no hay transfiguración del mundo."

—Cardenal Joseph Ratzinger[32]

Al Entrar en la Capilla

PADRE Eterno, Te ofrezco el Cuerpo y la Sangre, el Alma y la Divinidad de Tu Amadísimo Hijo, nuestro Señor Jesucristo, como propiciación de nuestros pecados y los del mundo entero. Por Su dolorosa Pasión, ten misericordia de nosotros y del mundo entero.

—Oración que el Señor encomendó a Santa Faustina rezar inmediatamente al entrar en la Capilla (cf. *Diario*, 476).

Oración De Irradiación

SEÑOR, aquí estoy. Gracias por estar aquí y por dejarme estar contigo. Señor, Tú conoces todas mis limitaciones, toda mi debilidad. Sabes lo difícil que es para mí concentrarme en Ti. Ya sabes lo mezclados que pueden ser mis motivos, lo confuso que a veces me siento. Pero estoy aquí, Señor, porque sé que Te necesito y quiero ser sanado de todo lo que me impide ser la persona que quisiste que fuera al crearme.

Te pido, pues, Señor, que sin importar lo que pueda hacer durante este tiempo — ya sea que ore o lea, sueñe despierto, o me duerma, o simplemente me siente aquí sin pensar — me bendigas, Señor y trabajes en mí. Límpiame, cámbiame, moldéame, recréame a Tu imagen.

Estoy aquí para dejarme irradiar por Ti, Señor, para exponerme a los rayos curativos de Tu amor y volverme más como Tú. Por favor, haz que sea así, hora tras hora tras hora.

—Vinny Flynn

Consagración al Corazón de Jesús

SEÑOR Jesús, Tú me invitas a venir a Ti. Así que vengo a Tu Sagrado Corazón, la fuente de toda misericordia. Vengo con mis pecados, mi miseria, y mis cargas. Límpiame, transfórmame, y lléname de Tu misericordia.

Jesús, Tú me invitas a tomar Tu yugo. Así que cargo mi cruz de cada día, para caminar con confianza, a Tu mismo paso. Te ofrezco todo mi ser como un sacrificio vivo. Hazme santo y aceptable al Padre, y haz que mi corazón sea como el Tuyo. Así como Tu corazón fue traspasado por mí, traspasa mi corazón para que sea un canal de misericordia para los demás.

Jesús, Tú me invitas a aprender de Ti. Enséñame Tu amabilidad y humildad. Como un niño dependiente de Tu misericordia, me refugio en Tu Corazón. Quiero hacer Tu voluntad y glorificar Tu misericordia. Jesús, Tú prometiste darme reposo. Déjame encontrar paz descansando en Tu Corazón como Juan. Quiero estar presente ante Ti con mi corazón, e irradiar Tu presencia a los demás.

—P. Jorge Kosicki, CSB.
Basado en Mt 11, 28-30

Consagración a María Reina de la Eucaristía

MARÍA, dondequiera que esté Jesús, tú estás allí con Él, por eso sé que ahora estás presente aquí a su lado, amándome como Él me ama.

Aquí, contigo en Su presencia, como Juan al pie de la cruz, te recibo ahora como mi Madre y me consagro a ti una vez más. Madre de misericordia y Madre mía, me ofrezco por completo a ti. Me coloco junto con todos mis seres queridos bajo el manto de tu Inmaculada Concepción, confiando en que nos protejas de todo pecado, todo daño, y todo mal.

En tus manos, María, renuevo y ratifico las promesas de mi bautismo. Renuncio a Satanás y a todas sus obras, y prometo, con tu ayuda, mantener mi mirada fija en Jesús, siguiéndolo como tú me guías, y siendo fiel incluso a la más mínima inspiración de Su Espíritu Santo.

A ti confío todo lo que soy, todo lo que tengo, y todo lo que hago — este momento presente, todo mi pasado, y todo lo que está por venir en el futuro. A ti te entrego mis sueños y deseos, mis planes y metas, mis acciones y decisiones, mi trabajo con todas sus tareas y responsabilidades, mi salud y recreación, mis finanzas y mis posesiones materiales, e incluso el mérito de todo bien que haga.

María, Reina de la Eucaristía, pongo mi corazón en tu Inmaculado Corazón. Purifícalo y entroniza allí a Jesús, para que pueda ser, como tú, un sagrario vivo de Su misericordia, una custodia viva, irradiando Su amor a todos los que encuentre.

—Vinny Flynn

"Oh Dios, recordamos tus favores en los patios de tu Templo."

—Sal 48, 10 Biblia Latinoamericana

Oración del Tabernáculo

OH Prisionero del Amor, encierro mi pobre corazón en este tabernáculo para adorarte sin cesar día y noche. ... Tú, oh Señor, partiendo de esta tierra deseaste quedarte con nosotros y Te dejaste a Ti Mismo en el Sacramento del Altar y nos abriste de par en par Tu misericordia. No hay miseria que Te pueda agotar; llamaste a todos a esta fuente de amor, a este manantial de piedad divina. Aquí está el trono de Tu misericordia, aquí el remedio para nuestras enfermedades.

—Santa Faustina, *Diario*, 80, 1747

Penetrar los Velos

JESÚS, en el altar no puedo ver ni Tu Humanidad ni Tu Divinidad. Para mis sentidos, la vista, el gusto, el tacto, solo hay pan y vino. Dame los ojos de la fe para ver más allá de estas apariencias, para penetrar estos velos y verte como realmente eres.[33]

Oración del Ángel en Fátima

SANTÍSIMA Trinidad: Padre, Hijo, y Espíritu Santo, yo Te adoro profundamente, y Te ofrezco el preciosísimo Cuerpo, Sangre, Alma, y Divinidad de Jesucristo, presente en todos los sagrarios del mundo, en reparación de los ultrajes, sacrilegios, e indiferencia con los que Él es ofendido. Y por los méritos infinitos de Su Sagrado Corazón y del Corazón Inmaculado de María, Te pido la conversión de los pobres pecadores.

"El corazón humano se convierte mirando al que nuestros pecados traspasaron."

—*Catecismo de la Iglesia Católica*, 1432

Oh Rey de la Gloria

OH Rey de la Gloria, aunque ocultas Tu hermosura, el ojo de mi alma desgarra el velo. Veo a los coros de ángeles que Te honran incesantemente y a todas las potencias celestiales que Te alaban sin cesar y que Te dicen continuamente: *Santo, Santo, Santo.*

—Santa Faustina, *Diario*, 80

Por Tu Santa Cruz

TE adoro, Santísimo Señor Jesucristo, presente aquí y en todos los sagrarios del mundo; y Te bendigo; porque por Tu Santa Cruz redimiste al mundo.

—San Francisco de Asís, adaptado
de la Raccolta, no. 74

Oración Ante el Crucifijo

ALTÍSIMO, glorioso Dios, ilumina las tinieblas de mi corazón. Dame fe recta, esperanza cierta, caridad perfecta, y humildad profunda, sentido y conocimiento, Señor, para que cumpla verdaderamente Tu santa voluntad.

—San Francisco de Asís

Padre Dios

DIOS Padre, en verdad eres un Padre
"rico en misericordia," lento a la ira,
clemente y compasivo
con todos los que Te invocan.

En alabanza y acción de gracias,
Te ofrezco este día.
En el nombre de Jesús,
y en unión con María Inmaculada,
Santa Faustina, y todos los santos y ángeles,
Te pido la gracia
de convertirme en una imagen viva de Su amor,
una custodia viva de Su presencia,
con la fuerza de Tu Espíritu Santo
para invocar Tu bendición sobre
todas las personas
y todas las situaciones que encuentre hoy
como un instrumento de Tu misericordia.

—Vinny Flynn

Padre de Luz Inagotable

PADRE de luz inagotable,
dame esa misma luz
cuando Te invoco.
Que mis labios Te alaben,
mi vida proclame Tu bondad,
mi trabajo Te honre,
y mi voz Te celebre por siempre.

Padre amoroso,
que todo lo que haga hoy
comience con Tu inspiración
y continúe con Tu ayuda salvadora.
Que mi trabajo siempre encuentre
su origen en Ti
y, por medio de Ti, llegue a término.

—Adaptado del Oficio Divino[34]

"Si las almas comprendieran el Tesoro que poseen en la Divina Eucaristía, ... las iglesias se desbordarían de adoradores."

—Beata Dina Belanger

Ante Ti, Señor

ESTAR aquí, ante Ti, Señor,
eso es todo:
cerrar los ojos de mi cuerpo,
cerrar los ojos de mi alma,
y estar así, inmóvil y silencioso,
exponerme ante Ti que estás
aquí expuesto ante mí.

Estar aquí presente ante Ti,
Presencia Infinita.
Estoy dispuesto, Señor, a no sentir nada,
no ver nada,
no oír nada,
vacío de toda idea, de toda imagen,
en la oscuridad.

Estoy aquí, simplemente,
para encontrarte sin obstáculos,
en el silencio de la fe,
ante Ti, Señor.

Pero, Señor, no estoy solo.
Soy una multitud, Señor,
pues las demás personas viven en mí.
Yo los he encontrado,
ellos han entrado en mí,

se han instalado en mí,
me han preocupado,
me han atormentado,
me han devorado,
y yo los he dejado, Señor,
para que ellos se alimenten y tengan descanso

Te los traigo también
al presentarme ante Ti.
Te los expongo
al exponerme ante Ti.

Aquí estoy, aquí están,
ante Ti, Señor.

—Michel Quoist[35]

Presente para El Que Está Presente

DIOS mío, creo que estás verdaderamente presente aquí bajo la apariencia de pan. Ayúdame a agradarte estando verdaderamente presente para Ti, con mi corazón en el corazón de María, confiando, alegrándome, y dando gracias.

—P. Jorge Kosicki, CSB

A la Misericordia Hecha Carne

SEÑOR Jesús,
Tú eres la Misericordia Hecha Carne,
"la imagen visible
del Dios invisible" (Col 1,15).
Tú eres el amor del Padre
hecho presente para nosotros.

Al contemplarte,
veo al Padre
"rico en misericordia,"
alzando Su mano sobre mí para bendecirme
y derramar en mí,
a través de Tu Corazón traspasado,
la vida misma de la Trinidad
como Fuente de Misericordia.

Sumergiéndome
en este torrente vivo
de sangre y agua,
brotando sin cesar de Tu Corazón,
recibo la bendición del Padre
y reconozco quién soy como hijo de Su amor.

En Ti, Señor Jesús,
veo el reflejo de mi valor
y dignidad únicos

como hijo del Padre,
creado a Su imagen y semejanza
y llamado a ser santo como Él es santo.

En Ti y contigo,
siempre llamaré a Dios mi Padre
y siempre me regocijaré
en la asombrosa realidad
de que Él me ama, como Te ama a Ti
(cf. Jn 17,23)

—Vinny Flynn

Oración para Tener Fervor

JESÚS, sabes lo débil y pecador que soy. A menudo me siento tentado, preocupado, y desanimado. Vengo a Ti buscando remedio. Te pido consuelo y ayuda. Solo Tú puedes ayudarme. Inflama mi frialdad con el fuego de Tu amor; ilumina mi ceguera con el brillo de Tu presencia; llena mi pobre alma con los tesoros de Tu gracia. Ilumina mi fe, fortalece mi esperanza, e inflama mi amor, para que todas las inclinaciones pecaminosas desaparezcan de mí, y prefiera la muerte antes de cometer un solo pecado.[36]

Oración a Nuestro Señor Jesucristo Crucificado

He aquí, oh amoroso y buen Jesús, que me arrodillo ante Ti, y con el mayor fervor de espíritu, Te pido y Te suplico que inculques en mi corazón ardientes sentimientos de fe, esperanza, y caridad, con verdadero arrepentimiento por mis pecados y un más firme propósito de enmienda. Con profundo afecto y dolor, considero íntimamente y contemplo en mi mente Tus cinco llagas, teniendo ante mis ojos lo que el profeta David puso en Tu boca acerca de Ti mismo, oh buen Jesús: "Me han traspasado las manos y los pies; han contado todos mis huesos" (Sal 21, 17-18).

Te Adoro, Creador y, Señor

Te adoro, Creador y Señor, oculto en el Santísimo Sacramento. Te adoro por todas las obras de Tus manos, en las cuales se me revela tanta sabiduría, bondad y misericordia. Oh Señor, has esparcido tanta belleza sobre la tierra y ella me habla de Tu belleza, aunque es sólo un pálido reflejo de Ti, belleza incomprensible.

Y aunque Te has escondido y ocultado, y has ocultado Tu belleza, mi ojo, iluminado por la fe, llega hasta Ti y mi alma reconoce a su Creador, a su Bien supremo y mi corazón se sumerge completamente en una plegaria de adoración.

Creador y Señor mío, Tu bondad me animó a conversar Contigo. Tu misericordia hace que desaparezco el abismo que separa al creador de la criatura. Hablar Contigo, oh Señor, es el deleite de mi corazón. En Ti encuentro todo lo que mi corazón puede desear. Aquí Tu luz ilumina mi mente permitiéndole conocerte a Ti cada vez más profundamente. Aquí torrentes de gracias fluyen sobre mi corazón, aquí mi alma obtiene la vida eterna.

Oh Creador y Señor mío, además de ofrecerme estos dones, Tu Mismo Te entregas a mí y Te unes íntimamente a Tu criatura miserable. Aquí nuestros corazones se entienden sin buscar palabras. ...

A causa de esta inconcebible bondad Tuya. Te adoro, oh Creador y Señor, con todo mi corazón y toda mi alma. Esta adoración mía es muy miserable e insignificante, no obstante estoy serena, porque sé que Tu sabes que es sincera aunque tan imperfecta. ...

—Santa Faustina, *Diario*, 1692

Oración de Santa Gertrudis

OH Sagrado Corazón de Jesús, fuente viva y vivificante de vida eterna, tesoro infinito de Divinidad, y horno ardiente de amor, Tú eres mi refugio y mi santuario. Oh mi amante y glorioso Salvador, consume mi corazón con ese fuego ardiente que siempre inflama Tu corazón.

Derrama sobre mi alma las gracias que fluyen de Tu amor. Haz que mi corazón esté tan unido al Tuyo que nuestras voluntades sean una, y la mía se conforme a la Tuya en todas las cosas. Haz que Tu voluntad sea la norma de todos mis deseos y de todas mis acciones.

Al Sagrado Corazón

SAGRADO Corazón de Jesús, lleno de amor infinito, quebrantado por mi ingratitud, traspasado por mis pecados, pero amándome siempre, acepta la consagración que Te hago, de todo lo que soy y todo lo que tengo. Toma cada facultad de mi alma y de mi cuerpo, y atráeme, cada día más, cada vez más cerca a Tu Sagrado Costado, y allí, en la medida en que pueda aprender la lección, enséñame tus santos caminos.

Oración de Ezequiel

VEN ahora, Señor,
y rocíame con agua limpia.
Límpiame de todas mis impurezas
y de todos mis ídolos.

Dame un nuevo corazón
y pon un espíritu nuevo dentro de mí,
quitándome el corazón de piedra
y dándome un corazón de carne.

Pon Tu Espíritu en mí, Señor,
para que pueda vivir de acuerdo
con Tus leyes,
y observar cuidadosamente Tus preceptos.

—Vinny Flynn, Adaptado de Ez 36, 25-27

Oración de Filipenses

AYÚDAME, Señor, a alegrarme siempre en Ti, sin inquietarme por nada. Ayúdame para que, en toda ocasión, por medio de oraciones y súplicas con acción de gracias, Te haga conocer mis peticiones.

—Adaptado de Fil 4, 4.6

Para Agradarte Señor Jesús

SEÑOR mío Jesucristo, que por el amor que tienes a la humanidad, permaneces día y noche en este Sacramento, todo lleno de ternura y amor, esperando, llamando, y recibiendo a todos los que vienen a visitarte. Creo que estás presente en el Santísimo Sacramento del altar. Te adoro desde el abismo de mi nada, y Te doy gracias por todos los dones que me has dado, sobre todo por haberte dado a mí en este Sacramento; por haberme dado a Tu Santa Madre María como abogada, y por haberme llamado a visitarte en esta Iglesia. ...

Jesús mío, Te amo con todo mi corazón. Me duele el haber ofendido tantas veces Tu bondad infinita. Me propongo, con la ayuda de Tu gracia, no volver a ofenderte; e, indigno como soy, me consagro ahora enteramente a Ti. Te encomiendo mi voluntad, mis afectos, mis deseos, y todo lo que tengo. A partir de ahora, dispón de mí y de todo lo que me pertenece como más te agrade. No pido otra cosa que Tú y Tu santo amor, la perseverancia final, y el perfecto cumplimiento de Tu voluntad.

—San Alfonso María de Ligorio

Enséñame, María

MARÍA, al arrodillarme aquí en presencia de tu Hijo Jesús, también me dirijo a ti para que me ayudes a adorarlo más completamente. Donde quiera que esté Jesús, tú estás con Él. Es gracias a tu "fiat," el ofrecimiento de tu propio cuerpo en absoluto abandono a Dios, que la Palabra se hizo carne en tu vientre. Esa fue la primera recepción de la Santa Comunión, y cuando diste a luz al Hijo de Dios, fuiste la primera en adorar Su presencia entre nosotros. A lo largo de tu vida permaneciste en comunión con tu Hijo, siempre unida a Él con un amor desinteresado. Enséñame, María, cómo adorarlo como tú, cómo permanecer siempre en Su presencia en completa unión con Su santa voluntad.

—Vinny Flynn (basado en un texto del Papa San Juan Pablo II)[37]

Jesús, Dios Mío, Yo Te Adoro

JESÚS, Dios mío, yo Te adoro, aquí presente en el Santísimo Sacramento del altar, donde esperas día y noche para ser nuestro consuelo mientras esperamos Tu presencia cara a cara en el cielo. Jesús, Dios mío, yo Te adoro en todos los lugares donde se reserva el Santísimo Sacramento y donde se cometen los pecados contra este Sacramento del Amor. Jesús, Dios mío, yo Te adoro por todo tiempo, pasado, presente, y futuro, por cada alma que alguna vez fue, es, o será creada.

Jesús, Dios mío, que por nosotros soportaste el hambre y el frío, el trabajo y la fatiga, yo Te adoro. Jesús, Dios mío, que por nuestro bien Te dignaste someterte a la humillación de la tentación, a la traición y la deserción de los amigos, al desprecio de Tus enemigos, yo Te adoro. Jesús, Dios mío, que por nosotros soportaste los golpes de Tu Pasión, la flagelación, la coronación de espinas, el peso insoportable de la cruz, yo Te adoro. Jesús, Dios mío, que por mi salvación y la de toda la humanidad, fuiste cruelmente clavado en la cruz y colgado allí durante tres largas horas de amarga agonía, yo Te adoro. Jesús, Dios mío, que por amor a nosotros instituiste este Santísimo Sacramento y Te ofreces diariamente por los pecados de la humanidad, yo Te adoro. Jesús, Dios mío, que en la Sagrada Comunión Te convertiste en el alimento de mi alma, yo Te adoro. Jesús, para Ti vivo. Jesús, para Ti muero. Jesús, en la vida y en la muerte soy Tuyo.

—Adaptado de una oración
del Cardenal John J. Carberry[38]

Por un Momento Estoy Contigo

OH Señor Jesucristo, tengo un día muy ocupado. Estoy distraído e inquieto por muchas cosas. Tengo preocupaciones, ansiedades, incluso miedos. Me preocupan los deberes, los fallos, las cosas que tengo que hacer que me superan. Vengo a Tu presencia desde el bullicio de la vida, el ruido de la calle, las súplicas y exigencias de los demás. Y Tú estás aquí. Por un momento estoy contigo en el Mar de Galilea, en el Monte de las Bienaventuranzas, mirando el agua serena y las verdes colinas. Tú dices: "Vengan a mí, todos los que están cansados y agobiados, y yo les daré reposo." Tu presencia en la Eucaristía me asegura que lo que dices es verdad.

—P. Benedict Groeschel, SFR[39]

Oración de las Misioneras de la Caridad

QUERIDO Señor, Gran Sanador, me arrodillo ante Ti, ya que todo don perfecto debe venir de Ti. Te pido que le des habilidad a mis manos, visión clara a mi mente, bondad y mansedumbre a mi corazón. Dame firmeza en mis propósitos, fuerza para aliviar parte de la carga de mis prójimos que sufren, y una verdadera conciencia del privilegio que me ha tocado. Elimina de mi corazón todo engaño y mundanidad, y haz que pueda confiar en Ti con la fe simple de un niño. Amén.[40]

Para Ser Como Tú, Señor

SEÑOR Jesús, pongo toda mi confianza
en Ti, y Te seguiré como discípulo Tuyo
todos los días de mi vida.
Me arrepiento de todos mis pecados —
incluso de los más pequeños —
de todas las maneras en que me haya alejado
de Ti o no haya podido reflejar Tu amor a los
demás.

Revoco cualquier pensamiento o palabra
que haya sido negativa, crítica, o cruel,
y los reemplazo con bendición.
Perdono a todos los que me han lastimado,
y Te pido que los bendigas con Tu amor.

Señor Jesús, por el poder sanador
de Tu presencia Eucarística,
restáurame a Tu imagen y semejanza
para que pueda vivir
como Tú y contigo para siempre.

—Vinny Flynn

Peticiones de San Agustín

SEÑOR Jesús, que me conozca a mí
y Te conozca a Ti.
Que no desee otra cosa sino a Ti.
Que me niegue a mí mismo y Te ame a Ti,
y todo lo haga siempre por Ti.
Que me humille y Te exalte a Ti,
y no piense nada más que en Ti.
Que muera a mí mismo, y viva en Ti,
y acepte todo lo que sucede como viniendo de Ti.
Que me olvide de mí mismo y Te siga a Ti,
y siempre escoja seguirte a Ti.
Que huya de mí y me vuelva a Ti,
para que así merezca ser protegido por Ti.
Que tema por mí y Te tema a Ti,
y sea contado entre Tus elegidos.
Que desconfíe de mí y confíe en Ti,
y siempre obedezca por amor a Ti.
Que no me aferre a nada sino a Ti,
y llegue a ser pobre por amor a Ti.
Mírame, para que sólo Te ame a Ti,
llámame, para que pueda verte,
y gozar para siempre de Ti.

Gracias por Esta Hora

OH Señor, gracias por esta hora de devoción Eucarística. Llega como un tiempo de paz, recogimiento, y sanación. ¡Qué privilegiado soy de pasar una hora contigo! Me hace sentir como los apóstoles y los discípulos que pudieron hablar tranquilamente contigo a lo largo del camino, o tal vez sentados debajo de un árbol en la noche.

¿Qué tengo que decirte? Tú sabes todo sobre mí. Conoces todas mis necesidades, todas mis faltas, e incluso mis buenas intenciones. En esta hora Te adoro como el Infinito y Santo de Dios. Tú y el Padre son uno, y has prometido que nosotros seremos uno en Ti.

Te doy gracias por todas las bendiciones que he recibido en mi vida en las cuales rara vez pienso. Te doy gracias por la vida misma, material y espiritual. Te pido perdón y sanación por todos mis defectos y pecados; por todas las veces que, sin pensarlo, Te he fallado y no he respondido a la gracia que me diste.

Y, por último, Te presento con confianza a todos los que amo, cada preocupación que tengo, cada necesidad en mi vida. Prometo confiar en Ti sin importar lo que me pase. Tu sacarás lo mejor aún de lo peor.

No Te pido que cambies lo que tenga que suceder. Más bien, en cualquier cosa que suceda, haz que descubra Tu voluntad, Tu santidad, y la oportunidad que me das para que crezca. Intentaré decir: "Sé que estás conmigo."

Finalmente, reoriento mi vida, mis deseos, y mis esperanzas hacia Ti, no solo por mi bien, sino por el de todos los que me importan y por el mundo entero. Que venga Tu reino. Que Tu Santo Espíritu esté con nosotros. Envíalo constantemente a nosotros como lo prometiste en la última Cena.

Al contemplar este misterioso signo, la hostia blanca, mis ojos no me dicen nada acerca de Tu presencia, pero la fe afirma en mi corazón que Tú, mi Dios y Señor, estás ahí. Te doy gracias por este precioso don de la fe.

—P. Benedict Groeschel, CFR[41]

Por la Gracia de ser Misericordioso con los Demás

DESEO transformarme toda en Tu misericordia y ser un vivo reflejo de Ti, Oh Señor. Que este más grande atributo de Dios, es decir su insondable misericordia, pase a través de mi corazón al prójimo.

Ayúdame, oh Señor, a que mis ojos sean misericordiosos, para que yo jamás recele o juzgue según las apariencias, sino que busque lo bello en el alma de mi prójimo y acuda a ayudarla.

Ayúdame a que mis oídos sean misericordiosos para que tome en cuenta las necesidades de mi prójimo y no sea indiferente a sus penas y gemidos.

Ayúdame, oh Señor, a que mi lengua sea misericordiosa para que jamás hable negativamente de mis prójimos, sino que tenga una palabra de consuelo y perdón para todos.

Ayúdame, oh Señor, a que mis manos sean misericordiosas y llenas de buenas obras para que sepa hacer sólo el bien a mi prójimo y cargue sobre mí las tareas más difíciles y más penosas.

Ayúdame a que mis pies sean misericordiosos para que siempre me apresure a socorrer a mi prójimo, dominando mi propia fatiga y mi cansancio. Mi reposo verdadero está en el servicio a mi prójimo.

Ayúdame, oh Señor, a que mi corazón sea misericordioso para que yo sienta todos los sufrimientos de mi prójimo. A nadie le rehusaré mi corazón. Seré sincera incluso con aquellos de los cuales sé que abusarán de mi bondad. Y yo misma me encerraré en el misericordiosísimo

Corazón de Jesús. Soportaré mis propios sufrimientos en silencio. Que Tu misericordia, oh Señor mío, repose dentro de mí.

—Santa Faustina, *Diario*, 163

Mis Oraciones Para La Adoración

Mis Oraciones Para La Adoración

ORACIONES PARA DIVERSAS OCASIONES

"La oración logra más cosas
de las que este mundo pueda soñar.
Por tanto, que tu voz se alce
hacia Mí como una fuente noche y día.
¿En qué serían mejores los hombres
que las ovejas o las cabras
que nutren una vida ciega
dentro de la mente si, conociendo a Dios,
no levantan las manos en oración
por ellos mismos y por aquellos
que los llaman amigos?
Pues así toda la tierra esférica
está ligada por cadenas de oro
a los pies de Dios."

—Tennyson, *Idilios del Rey*

ORACIONES, LETANÍAS, Y NOVENAS

"Señor, ábreme los labios, y mi boca proclamará tu alabanza."

—Invitatorio del Oficio Divino

Ofrenda Diaria

SEÑOR Jesús, Tú viviste y moriste por mí. Ayúdame a mantener ese pensamiento en mi mente hoy, para que, cualquier cosa que me depare la vida, sea éxito o fracaso, satisfacción o decepción, felicidad o dolor, pueda ofrecértelo. Que todos los que encuentre hoy, a través de mí, Te vean a Ti, Señor, sientan Tu presencia, y experimenten Tu amor. Señor, todo eso Te ofrezco hoy. Permíteme servirte sirviendo a los demás en Tu nombre, haciendo de todo lo que hago un regalo de amor y acción de gracias por todo lo que has hecho por mí.

Oración Universal Atribuida al Papa San Clemente

CREO en Ti, Señor: acrecienta mi fe.
Confío en Ti: fortalece mi confianza.
Te amo: haz que Te ame más ardientemente.
Estoy arrepentido de mis pecados:
profundiza mi dolor.
Te adoro como mi origen,
Te anhelo como mi último fin.
Te alabo porque eres mi auxilio constante,
Y Te invoco como mi amoroso protector.
Guíame con Tu sabiduría,
Corrígeme con Tu justicia,
Consuélame con Tu misericordia,
Defiéndeme con Tu poder.
Te ofrezco, Señor mis pensamientos,
para que se dirijan a Ti;
Mis palabras, para que hablen de Ti;
Mis acciones, para que reflejen mi amor por Ti
y sigan Tu voluntad;
Mis sufrimientos, para que los soporte por
Tu mayor gloria.
Quiero hacer lo que me pides,
De la manera en que lo pides,
Tanto como lo pides.
Porque lo pides,
Señor, ilumina mi entendimiento,

Fortalece mi voluntad,
Purifica mi corazón y santifícame.
Ayúdame a arrepentirme de mis pecados pasados
Y a rechazar las tentaciones futuras.
Ayúdame a sobreponerme a mis
debilidades humanas
Y a cultivar las virtudes necesarias.
Haz que Te ame, mi Señor y mi Dios,
Y me vea como lo que soy:
Un peregrino en este mundo,
Un cristiano llamado a respetar y amar
A todos aquellos cuyas vidas toco,
A los que están bajo mi autoridad,
A mis amigos y a mis enemigos.
Ayúdame a vencer la ira con gentileza,
El afán de placer con la negación de mí mismo,
La ambición con generosidad,
La apatía con fervor.
Ayúdame a olvidarme de mí mismo
Y acercarme a los demás.

Hazme prudente al hacer planes,
Valiente en tiempos de peligro,
Paciente en el sufrimiento
Y humilde en la prosperidad.
Mantenme, Señor, atento en la oración,
Sobrio en el comer y el beber,
Diligente en mi trabajo,

Firme en mis buenas intenciones.
Haz que mi conciencia sea clara,
Mi conducta intachable,
Mi hablar irreprensible,
Mi vida bien ordenada.
Mantenme alerta ante
mis debilidades humanas.
Ayúdame a dominar mis instintos.
Concédeme apreciar Tu amor por mí,
Cumplir Tus mandamientos
Y obtener finalmente Tu salvación.
Enséñame, Señor, a darme cuenta de que este
mundo es pasajero,
Y que mi futuro verdadero es la felicidad
del cielo,
Que esta vida es corta
Y la futura es eterna.
Ayúdame a vivir mi vida
Con un santo temor al juicio,
Pero con una confianza mayor en Tu bondad.
Guíame con seguridad a través de la muerte,
Al gozo infinito del cielo.
Te lo pedimos por Jesucristo, nuestro Señor.
Amén.

—Adaptado del Misal Romano

Coraza de San Patricio

Me levanto hoy
Por medio de una fuerza poderosa,
La invocación de la Trinidad,
Por medio de la Fe en las Tres Personas,
Por medio de la confesión de la Unidad
del Creador del universo.

Me levanto hoy
Por medio de la fuerza del nacimiento de Cristo
y de Su bautismo,
Por medio de la fuerza de Su crucifixión
y de su sepultura,
Por medio de la fuerza de Su resurrección
y de Su ascensión,
Por medio de la fuerza de Su descenso
para juicio de la condenación.

Me levanto hoy
Por medio de la fuerza
del amor de los querubines,
En la obediencia de los ángeles,
En el servicio de los arcángeles,
En la esperanza de la resurrección
que encuentra su recompensa,
En las oraciones de los patriarcas,
En las profecías de los profetas,

En la predicación de los apóstoles,
En la fe de los mártires
En la inocencia de las santas vírgenes,
En las obras de los hombres justos.

Me levanto hoy por medio
Del poder del cielo,
La luz del sol,
El brillo de la luna,
El esplendor del fuego,
La velocidad del rayo,
La ligereza del viento,
La profundidad del mar,
La estabilidad de la tierra,
La firmeza de la roca.

Me levanto hoy por medio
De la fuerza de Dios para conducirme,
El poder de Dios para sostenerme,
La sabiduría de Dios para guiarme,
La mirada de Dios para velar sobre mí,
El oído de Dios para escucharme,
La palabra de Dios para hablar por mí,
La mano de Dios para guardarme,
El escudo de Dios para protegerme,
La hostia de Dios para salvarme
De las trampas del demonio,
De las tentaciones de los vicios,

De todos los que me deseen mal,
lejanos y cercanos.

Yo invoco hoy
Todos estos poderes entre mí y todo lo malo,
Contra todo poder cruel y despiadado
que se oponga a mi cuerpo y a mi alma,
Contra las seducciones de los falsos profetas,
Contra las oscuras leyes del paganismo,
Contra las falsas leyes de los herejes,
Contra los artificios de la idolatría,
Contra los encantamientos de brujas,
hechiceros, y magos,
Contra cualquier conocimiento
que corrompa el cuerpo y el alma del hombre.
Cristo, se mi escudo hoy,
Contra venenos, contra quemaduras,
Contra sofocación, contra heridas,
De tal forma que pueda yo recibir
recompensa en abundancia.
Cristo conmigo,
Cristo delante mí,
Cristo detrás de mí,
Cristo dentro de mí,
Cristo debajo mí,
Cristo sobre mí,
Cristo a mi derecha,

Cristo a mi izquierda,
Cristo cuando me acuesto,
Cristo cuando me siento,
Cristo cuando me levanto,
Cristo en el corazón de todos los
que piensan en mí,
Cristo en la boca de todos los que hablan de mí,
Cristo en todos los ojos que me ven,
Cristo en todos los oídos que me escuchan.

Me levanto hoy
Por medio de una fuerza poderosa,
la invocación de la Trinidad,
Por medio de la fe en sus Tres Personas,
Por medio de la confesión de la Unidad
del Creador del universo.

SECRETO DE LA SANTIDAD DEL CARDENAL MERCIER

VOY a revelarte el secreto de la santidad y de la felicidad. Durante cinco minutos cada día controla tu imaginación y cierra tus ojos a todos los ruidos del mundo para entrar en ti mismo. Así, en el santuario de tu alma bautizada (que es templo del Espíritu Santo) háblale a ese Espirito Divino, diciendo:

Oh Espíritu Santo, alma de mi alma, Yo Te adoro. Ilumíname, guíame, fortaléceme, y consuélame. Dime lo que debo hacer y ordéname hacerlo. Yo te prometo ser sumiso a todas las cosas que Tú permitas que me sucedan. Muéstrame solamente cuál es Tu voluntad.

Si haces esto, tu vida transcurrirá felizmente, con serenidad, y llena de consuelo, aún en medio de las pruebas. La gracia te será dada en la misma proporción de la prueba, dándote la fuerza para sobrellevarla, y así llegaras a la Puerta del Paraíso cargado de mérito. Esta sumisión al Espíritu Santo es el secreto de la santidad.

Novena de Abandono

P. Dolindo Ruotolo

Día 1

¿POR qué se confunden al preocuparse? Déjenme a mí el cuidado de sus asuntos y todo estará en paz. En verdad les digo que todo acto de verdadero, ciego, y completo abandono en mí produce el efecto que desean y resuelve todas las situaciones difíciles.

Oh Jesús, me abandono en Ti. ¡Ocúpate de todo! (10 veces)

Día 2

ABANDONARSE en mí no significa inquietarse, ni estar amargado, ni perder la esperanza, ni tampoco significa ofrecerme una oración preocupada pidiéndome que les siga y transforme su preocupación en oración. Está en contra de este abandonarse, profundamente en contra, la preocupación, el estar nervioso y el querer pensar en las consecuencias de todo. Es como la confusión que sienten los niños cuando le piden a su madre que atienda a sus necesidades, y luego intentan ocuparse de esas necesidades por sí mismos haciendo que sus esfuerzos infantiles sean un estorbo para la madre.

Abandonarse significa cerrar plácidamente los ojos del alma, apartar los pensamientos de tribulación, y ponerse bajo mi cuidado, para que solo Yo actúe, diciendo "Ocúpate Tú de eso."

Oh Jesús, me abandono en Ti. ¡Ocúpate de todo! (10 veces)

Día 3

CUÁNTAS cosas realizo cuando el alma, tanto en sus necesidades espirituales como en las materiales, se vuelve a mí, me mira y me dice: "Jesús, ocúpate Tú de eso," y entonces cierra sus ojos y reposa. En el dolor, oran para que yo actúe, pero para que actúe como ustedes quieren. No se dirigen a mí, sino que quieren que yo me adapte a sus ideas. No son enfermos que piden al médico que les cure, sino que le dicen como hacerlo. No actúen así, sino oren como les enseñé en el Padrenuestro: "Santificado sea Tu nombre"; es decir, glorificado seas en esta necesidad mía. "Venga a nosotros Tu reino"; es decir, que todo en nosotros y en el mundo sea conforme a Tu Reino. "Hágase tu voluntad así en la tierra, como en el cielo"; es decir, en nuestra necesidad, dispón Tú, como mejor Te parezca para nuestra vida temporal y eterna.

Si me dicen de verdad: "Hágase Tu voluntad" (que es lo mismo que decir, "Jesús, ocúpate Tú de eso"), yo intervendré con toda mi omnipotencia, y solucionaré las situaciones más difíciles.

Oh Jesús, me abandono en Ti. ¡Ocúpate de todo! (10 veces)

Día 4

¿VES que el mal se acrecienta en vez de disminuir? No te preocupes. Cierra los ojos y dime con fe: "Hágase Tu voluntad." "Ocúpate Tú de eso."

Te digo que me encargaré de eso, y que intervendré como médico, y que obraré milagros cuando sea necesario. ¿Ves que el enfermo empeora? No te desanimes, sino cierra los ojos y di, "Ocúpate Tú de eso." Te digo que yo me ocuparé, y que no hay medicina más poderosa que mi intervención amorosa. Por mi amor, te lo prometo.

Oh Jesús, me abandono en Ti. ¡Ocúpate de todo! (10 veces)

Día 5

Y cuando los tenga que guiar por un camino diferente del que ustedes ven, Yo los prepararé; los llevaré en mis brazos; haré que se encuentren como niños que se han dormido en brazos de sus madres, al otro lado del río. Lo que les preocupa y les hiere inmensamente son la razón, los pensamientos y las preocupaciones de ustedes, y también el deseo a toda costa de lidiar con lo que les afecta.

Oh Jesús, me abandono en Ti. ¡Ocúpate de todo! (10 veces)

Día 6

NO pueden dormir; quieren juzgarlo todo, dirigirlo todo, ocuparse de todo; y se abandonan así a las fuerzas humanas, o peor, a los hombres mismos, confiando en su intervención — es esto lo que obstaculiza mis palabras y mis intenciones. ¡Oh, cuánto deseo de ustedes que se abandonen en mí para ayudarlos! ¡Y cuánto me aflijo al verlos tan inquietos! Satanás trata precisamente de hacer esto: inquietarlos, apartarlos de mi protección, y arrojarlos a las fauces de la iniciativa humana.

Por eso, confíen solo en mí, descansen en mí, abandónense en mí en todo.

Oh Jesús, yo me abandono en Ti. ¡Ocúpate de todo! (10 veces)

Día 7

YO obro milagros en proporción al pleno abandono de ustedes en mí y al olvido de sí mismos. ¡Yo derramo tesoros de gracia cuando ustedes están en la más profunda pobreza! Ninguna persona de razón, ningún pensador ha hecho alguna vez milagros, ni siquiera entre los santos. Obra divinamente quien se abandona en Dios. Por tanto, no pienses más en eso, porque tu mente es penetrante, y para ti es difícil ver el mal y tener confianza en mí. Haz esto para con todas tus necesidades, obren así todos, y verán grandes, continuos, y silenciosos milagros. Yo me ocuparé de las cosas. Te lo prometo.

Oh Jesús, me abandono en Ti. ¡Ocúpate de todo! (10 veces)

Día 8

CIERRA los ojos y déjate llevar por la fluida corriente de mi gracia; cierra los ojos y no pienses en el presente, alejando los pensamientos del futuro, igual que lo harías con la tentación. Descansa en mí, creyendo en mi bondad, y te prometo por mi amor que, si dices, "Jesús, ocúpate Tú de eso," yo me ocuparé de todo. Yo te consolaré, te liberaré, y te guiaré.

Oh Jesús, me abandono en Ti. ¡Ocúpate de todo! (10 veces)

Día 9

OREN siempre con esta disposición de abandono, y tendrán gran paz y grandes recompensas, incluso cuando yo les confiera la gracia de la inmolación, del arrepentimiento, y del amor. Entonces, ¿qué importa el sufrimiento? ¿Te parece imposible? Cierra los ojos y di con toda tu alma, "Jesús, ocúpate Tú de eso." No temas, me ocuparé de las cosas, y bendecirás mi nombre humillándote. Mil plegarias no valen lo que un solo acto de abandono, recuérdalo bien. No hay novena más eficaz que esta: "Oh Jesús, me abandono en Ti."

Oh Jesús me abandono en Ti. ¡Ocúpate de todo! (10 veces)

Letanía de la Humildad

Jesús, manso y humilde de corazón,
haz mi corazón semejante al Tuyo.

R: *Líbrame, Jesús.*

Del deseo de hacer mi voluntad,
Del deseo de ser estimado,
Del deseo de ser amado,
Del deseo de ser exaltado,
Del deseo de ser honrado,
Del deseo de ser alabado,
Del deseo de ser preferido a otros,
Del deseo de ser consultado,
Del deseo de ser aprobado,
Del deseo de ser comprendido,
Del deseo de ser visitado,
Del temor a ser humillado,
Del temor a ser despreciado,
Del temor a ser reprendido,
Del temor a ser calumniado,
Del temor a ser olvidado,
Del temor a ser ridiculizado,
Del temor a ser sospechado,
Del temor a ser tratado injustamente,
Del temor a ser abandonado,
Del temor a ser rechazado,

R: *Concédeme, Jesús, la gracia de desear.*
Que otros sean más amados que yo,
Que otros sean más estimados que yo,
Que, en la opinión del mundo, otros crezcan
y yo disminuya,
Que otros sean escogidos y yo desechado,
Que otros sean alabados y en mí no se fijen,
Que otros sean preferidos a mí en todo,
Que los demás sean más santos que yo con tal
Que yo sea todo lo santo que deba.

R: *Señor, quiero alegrarme.*
De ser desconocido y pobre,
De estar desprovisto de perfecciones naturales
de cuerpo y de mente.
Cuando no se piense en mí,
Cuando me asignen las tareas más
desagradables,
Cuando ni se dignen usarme,
Cuando nunca se me pida mi opinión,
Cuando me releguen al lugar más bajo,
Cuando no me hagan cumplidos,
Cuando me reprueben a tiempo y a destiempo,

Bienaventurados los que son perseguidos por
causa de la justicia,
Porque de ellos es el Reino de los Cielos.

—Adaptado del Cardenal Rafael Merry del Val[42]

Letanía de la Preciosísima Sangre de Cristo

SEÑOR, ten piedad. *Señor, ten piedad.*
Cristo, ten piedad. *Cristo, ten piedad.*
Señor, ten piedad. *Señor, ten piedad.*
Cristo, óyenos. *Cristo, benignamente, escúchanos.*

R: *Ten piedad de nosotros.*

Dios, Padre celestial,
Dios Hijo, Redentor del mundo,
Dios, Espíritu Santo,
Santísima Trinidad, un Solo Dios.

R: *Sálvanos.*

Sangre de Cristo, el unigénito del Padre Eterno,
Sangre de Cristo, Verbo de Dios encarnado,
Sangre de Cristo, del Nuevo y Eterno Testamento,
Sangre de Cristo, derramada sobre la tierra en la Agonía,
Sangre de Cristo, vertida copiosamente en la Flagelación,
Sangre de Cristo, brotada en la Coronación de Espinas,
Sangre de Cristo, derramada en la Cruz,
Sangre de Cristo, prenda de nuestra salvación,
Sangre de Cristo, sin la cual no hay perdón,

Sangre de Cristo, bebida Eucarística y refrigerio de las almas,
Sangre de Cristo, manantial de misericordia,
Sangre de Cristo, vencedora de los espíritus malignos,
Sangre de Cristo, valor de los Mártires,
Sangre de Cristo, fortaleza de los Confesores,
Sangre de Cristo, inspiración de las Vírgenes,
Sangre de Cristo, auxilio de los que están en peligro,
Sangre de Cristo, alivio de los afligidos,
Sangre de Cristo, solaz en las penas,
Sangre de Cristo, esperanza del penitente,
Sangre de Cristo, consuelo del moribundo,
Sangre de Cristo, paz y ternura de los corazones,
Sangre de Cristo, promesa de vida eterna,
Sangre de Cristo, que libras a las almas del purgatorio,
Sangre de Cristo, merecedora de todo honor y gloria,

Cordero de Dios, que quitas el pecado del mundo, *Perdónanos, Oh Señor.*
Cordero de Dios, que quitas el pecado del mundo, *Escúchanos, Oh Señor.*
Cordero de Dios, que quitas el pecado del mundo, *Ten misericordia de nosotros.*

Tu nos has redimido, Oh Señor, con Tu Sangre.
Y nos hiciste un Reino para nuestro Dios.

Oremos:

Dios todopoderoso y eterno, Tú has constituido a Tu Unigénito Hijo como Redentor del mundo y has querido ser aplacado con su Sangre. Concédenos, Te rogamos, que adoremos dignamente este precio de nuestra salvación y que, a través de su poder, seamos salvaguardados de los males de la vida presente, para que podamos regocijarnos en sus frutos para siempre en el cielo. Amén.

Letanía de Loreto

SEÑOR, ten piedad.
Cristo, ten piedad.
Señor, ten piedad. Cristo, óyenos.
Cristo, benignamente, escúchanos.
Dios, Padre celestial,
ten piedad de nosotros.
Dios, Hijo, Redentor del mundo,
ten piedad de nosotros.
Dios, Espíritu Santo,
ten piedad de nosotros.
Santísima Trinidad, un solo Dios,
ten piedad de nosotros.

R: Ruega por nosotros.

Santa María,
Santa Madre de Dios,
Santa Virgen de las Vírgenes,
Madre de Cristo,
Madre de la Iglesia,
Madre de la divina gracia,
Madre purísima,
Madre castísima,
Madre siempre virgen,
Madre inmaculada,
Madre amable,
Madre admirable,
Madre del buen consejo,
Madre del Creador,
Madre del Salvador,
Madre de misericordia,
Virgen prudentísima,
Virgen digna de veneración,
Virgen digna de alabanza,
Virgen poderosa,
Virgen clemente,
Virgen fiel,
Espejo de justicia,
Trono de la sabiduría,
Causa de nuestra alegría,
Vaso espiritual,

Vaso digno de honor,
Vaso de insigne devoción,
Rosa mística,
Torre de David,
Torre de marfil,
Casa de oro,
Arca de la Alianza,
Puerta del cielo,
Estrella de la mañana,
Salud de los enfermos,
Refugio de los pecadores,
Consoladora de los afligidos,
Auxilio de los cristianos,
Reina de los Ángeles,
Reina de los Patriarcas,
Reina de los Profetas,
Reina de los Apóstoles,
Reina de los Mártires,
Reina de los Confesores,
Reina de las Vírgenes,
Reina de todos los Santos,
Reina concebida sin pecado original,
Reina asunta a los Cielos,
Reina del Santísimo Rosario,
Reina de las familias,
Reina de la paz.

Cordero de Dios, que quitas el pecado del mundo, *perdónanos, Señor.*
Cordero de Dios, que quitas el pecado del mundo, *escúchanos, Señor.*
Cordero de Dios, que quitas el pecado del mundo, *ten misericordia de nosotros.*
Ruega por nosotros, Santa Madre de Dios.
Para que seamos dignos de las promesas de Cristo.

Oremos:

Te rogamos nos concedas, Señor Dios nuestro, a nosotros Tus siervos, gozar de continua salud de alma y cuerpo; y por la intercesión de la bienaventurada siempre Virgen María, vernos libres de las tristezas de la vida presente y alcanzar las alegrías eternas. Por Cristo nuestro Señor. Amén.

Letanía de la Presencia

P. George Kosicki, CSB

R: Jesús, ¡Tú estás presente!

Jesús, Tú estás aquí en la Eucaristía,
Como Hijo del Padre e Hijo de María,
Como la Palabra hecha carne (Lc 1; Jn 1),
Por la Palabra y el Espíritu (Jn 3),
Como Misericordia Encarnada
(Papa Juan Pablo II),
Porque Tú nos amas (Jn 13,11),
Como el Cordero de Dios (Jn 1,29),
Como totalmente entregado y derramado
(Lc 22,19),
Como la Nueva Alianza (Jn 6,27; Lc 22,20),
Cuerpo, Sangre, Alma y Divinidad,
Como el Memorial de Tu pasión, muerte,
y resurrección (Canon de la Misa),
Como recuerdo de todo lo que has hecho por
nosotros (1Cor 11,25),
Como acción de gracias al Padre (Mt 26,27),
Como don sacrificial al Padre (Heb 10,10),
Como Promesa de resurrección (cf. 1Cor 11,30),
Para darnos vida eterna (Jn 6,51-58),
Para nutrirnos (Jn 6,54),
Como Imagen del Dios invisible (Col 1,15),
Aunque oculto como el Padre,

Como Aroma agradable al Padre (cf. 2Cor 2,15),
Como Sacerdote, Profeta y Rey,
Como el Santo, el Humilde, el Misericordioso,
En todo pasado y futuro,
Como la promesa de tu futura venida
(cf. 1Cor 11,26),
Como el Novio que anhela comunión (Lc 22,15),
Como el Misterio de la Fe,
Como el Misterio de la Misericordia,
Como la Esperanza de la Gloria,
Jesús, Tú estás aquí y nos llamas (Jn 11,28).

Letanía de San José

SEÑOR, ten misericordia. *Señor ten misericordia.*
Cristo, ten misericordia. *Cristo ten misericordia.*
Señor, ten misericordia. *Señor ten misericordia.*
Cristo óyenos. *Cristo, benignamente, escúchanos.*

Dios Padre celestial,
ten misericordia de nosotros.
Dios Hijo, Redentor del mundo,
ten misericordia de nosotros.
Dios Espíritu Santo,
ten misericordia de nosotros.
Santa Trinidad, un solo Dios,
ten misericordia de nosotros.

R: Ruega por nosotros.

Santa María,
San José,
Ilustre descendiente de David,
Luz de los Patriarcas,
Esposo de la Madre de Dios,
Casto guardián de la Virgen,
Padre adoptivo del Hijo de Dios,
Celoso defensor de Cristo,
Cabeza de la Sagrada Familia,
José, justísimo,
José, castísimo,

José, prudentísimo,
José, valentísimo,
José, fidelísimo,
Espejo de paciencia,
Amante de la pobreza,
Modelo de trabajadores,
Gloria de la vida doméstica,
Custodio de Vírgenes,
Sostén de las familias,
Consuelo de los afligidos,
Esperanza de los enfermos,
Patrón de los moribundos,
Terror de los demonios,
Protector de la Santa Iglesia,

Cordero de Dios, que quitas el pecado del mundo, *perdónanos, Señor.*
Cordero de Dios, que quitas el pecado del mundo, *escúchanos, Señor,*
Cordero de Dios, que quitas el pecado del mundo, *ten misericordia de nosotros.*

V. Le estableció señor de Su casa.
R. *Y príncipe de todas Sus posesiones.*

Oremos:

Oh Dios, que, en Tu inefable providencia,

te dignaste elegir a San José por esposo de Tu Santísima Madre; concédenos, te rogamos, que merezcamos tener por intercesor en el cielo al que veneramos como Protector en la tierra. Tú que vives y reinas por los siglos de los siglos. Amén.

Letanía del Sagrado Corazón de Jesús

SEÑOR, ten piedad. *Señor, ten piedad.*
Cristo, ten piedad. *Cristo, ten piedad.*
Señor, ten piedad de nosotros. *Señor, ten piedad.*
Cristo, óyenos. *Cristo, benignamente, escúchanos.*

R: *Ten piedad de nosotros.*

Dios, Padre celestial,
Dios Hijo, Redentor del mundo,
Dios Espíritu Santo,
Trinidad Santa, un solo Dios,
Corazón de Jesús, Hijo del Eterno Padre,
Corazón de Jesús, formado por el Espíritu Santo en el seno de la Virgen Madre,
Corazón de Jesús, unido substancialmente al Verbo de Dios,
Corazón de Jesús, de Majestad Infinita,
Corazón de Jesús, Templo Santo de Dios,
Corazón de Jesús, Tabernáculo del Altísimo,

Corazón de Jesús, Casa de Dios y Puerta
del Cielo,
Corazón de Jesús, hoguera ardiente de caridad,
Corazón de Jesús, asilo de justicia y de amor,
Corazón de Jesús, lleno de bondad y de amor,
Corazón de Jesús, abismo de todas las virtudes,
Corazón de Jesús, muy digno de toda alabanza,
Corazón de Jesús, en quien están todos los
tesoros de la sabiduría y la ciencia,
Corazón de Jesús, en quien habita toda la
plenitud de la divinidad,
Corazón de Jesús, en quién el Padre halló sus
complacencias,
Corazón de Jesús, de cuya plenitud todos
hemos recibido,
Corazón de Jesús, deseo de los eternos collados,
Corazón de Jesús, paciente y de mucha
misericordia,
Corazón de Jesús, rico para todos los
que Te invocan,
Corazón de Jesús, fuente de vida y de santidad,
Corazón de Jesús, propiciación por nuestros
pecados,
Corazón de Jesús, cargado de oprobios,
Corazón de Jesús, lastimado por nuestras
ofensas,
Corazón de Jesús, obediente hasta la muerte,

Corazón de Jesús, traspasado por una lanza,
Corazón de Jesús, nuestra vida y resurrección,
Corazón de Jesús, nuestra paz y reconciliación,
Corazón de Jesús, víctima por nuestros pecados,
Corazón de Jesús, salvación de los que en Ti confían,
Corazón de Jesús, esperanza de los que en Ti mueren,
Corazón de Jesús, delicia de todos los santos,

Cordero de Dios, que quitas el pecado del mundo, *perdónanos, Señor.*
Cordero de Dios, que quitas el pecado del mundo, *atiende nuestras súplicas, Señor.*
Cordero de Dios, que quitas el pecado del mundo, *ten misericordia de nosotros.*
Jesús, manso y humilde de corazón,
haz nuestro corazón semejante al Tuyo.

Oremos:

Oh Dios todopoderoso y eterno, mira el Corazón de Tu amantísimo Hijo, y las alabanzas y satisfacciones que Él Te ofrece en nombre de los pecadores y, por Tu gran bondad, concede el perdón a los que imploran Tu misericordia en el nombre del mismo Jesucristo, Tu Hijo, que vive y reina contigo por los siglos de los siglos. Amén.

Letanía del Santísimo Nombre de Jesús

SEÑOR, ten misericordia.
Cristo, ten misericordia.
Señor, ten misericordia, Jesús, óyenos.
Jesús, benignamente, escúchanos.

R: Ten misericordia de nosotros.

Dios, Padre celestial,
Dios, Hijo, Redentor del mundo,
Dios, Espíritu Santo,
Trinidad Santa, un solo Dios,
Jesús, Hijo de Dios vivo,
Jesús, Resplandor del Padre,
Jesús, Brillo de la Luz eterna,
Jesús, Rey de la Gloria,
Jesús, Sol de Justicia,
Jesús, Hijo de la Virgen María,
Jesús, Amable,
Jesús, Admirable,
Jesús, Dios Fuerte,
Jesús, Padre del mundo futuro,
Jesús, Ángel del Gran Consejo,
Jesús, Potentísimo,
Jesús, Pacientísimo,
Jesús, Obedientísimo,
Jesús, Manso y Humilde de corazón,

Jesús, Amante de la Castidad,
Jesús, Amante nuestro,
Jesús, Dios de Paz,
Jesús, Autor de la Vida,
Jesús, Modelo de Virtudes,
Jesús, Celador de las almas,
Jesús, Dios nuestro,
Jesús, Refugio nuestro,
Jesús, Padre de los Pobres,
Jesús, Tesoro de los Fieles,
Jesús, Buen Pastor,
Jesús, Luz verdadera,
Jesús, Sabiduría eterna,
Jesús, Bondad infinita,
Jesús, Camino y Vida nuestra,
Jesús, Gozo de los Ángeles,
Jesús, Rey de los Patriarcas,
Jesús, Cabeza de los Apóstoles,
Jesús, Maestro de los Evangelistas,
Jesús, Fortaleza de los Mártires,
Jesús, Luz de los Confesores,
Jesús, Pureza de las Vírgenes,
Jesús, Corona de Todos los Santos,

Se misericordioso, *perdónanos, Oh Jesús.*
Se misericordioso, *benignamente escúchanos,*
Oh Jesús.

R: Líbranos, Oh Jesús.

De todo mal,
De todo pecado,
De Tu ira,
De los lazos del demonio,
Del espíritu de fornicación,
De la muerte eterna,
Del desprecio de Tus inspiraciones,
Por el misterio de Tu Santa Encarnación,
Por Tu Nacimiento,
Por Tu Infancia,
Por Tu Vida divina,
Por Tus Trabajos,
Por Tu Agonía y Pasión,
Por Tu Cruz y Desamparo,
Por Tus Sufrimientos,
Por Tu Muerte y Sepultura,
Por Tu Resurrección,
Por Tu Ascensión,
Por Tu Institución de la Santísima Eucaristía,
Por Tus Gozos,
Por Tu Gloria,

Cordero de Dios, que quitas el pecado del mundo, *perdónanos, ¡Oh Jesús!*
Cordero de Dios, que quitas el pecado del mundo, *escúchanos, ¡Oh Jesús!*
Cordero de Dios, que quitas el pecado del mundo, *ten misericordia de nosotros, ¡Oh Jesús!*

Oremos:

"Pidan y recibirán; busquen y encontrarán; llamen y se les abrirá." Por Tu misericordia, Señor, atiende nuestras suplicas y concédenos el don de Tu divino amor, a fin de que, amándote de todo corazón, con todas nuestras palabras y acciones, nunca cesemos de alabarte.

Haz, Señor, que tengamos un amor y un temor perpetuos a Tu santo nombre, porque Tú no dejas nunca de regir a los que estableces en Tu amor. Tú, que vives y reinas por los siglos de los siglos. Amén.

Letanía a la Divina Misericordia

Del Diario de Santa Faustina (949)

Misericordia Divina, que brota del seno del Padre, *en Ti confío.*
Misericordia Divina, supremo atributo de Dios, *en Ti confío.*

Misericordia Divina, misterio incomprensible, *en Ti confío.*

Misericordia Divina, fuente que brota del misterio de la Santísima Trinidad, *en Ti confío.*

Misericordia Divina, insondable para todo entendimiento humano o angélico, *en Ti confío.*

Misericordia Divina, de donde brotan toda vida y felicidad, *en Ti confío.*

Misericordia Divina, más sublime que los cielos, *en Ti confío.*

Misericordia Divina, fuente de milagros y maravillas, *en Ti confío.*

Misericordia Divina, que abarca todo el universo, *en Ti confío.*

Misericordia Divina, que baja al mundo en la Persona del Verbo Encarnado, *en Ti confío.*

Misericordia Divina, que manó de la herida abierta del Corazón de Jesús, *en Ti confío.*

Misericordia Divina, encerrada en el Corazón de Jesús para nosotros y especialmente para los pecadores, *en Ti confío.*

Misericordia Divina, impenetrable en la institución de la Sagrada Hostia, *en Ti confío.*

Misericordia Divina, en la institución de la Santa Iglesia, *en Ti confío.*

Misericordia Divina, en el Sacramento del Santo Bautismo, *en Ti confío.*

Misericordia Divina, en nuestra justificación por Jesucristo, *en Ti confío.*

Misericordia Divina, que nos acompaña durante toda la vida, *en Ti confío.*

Misericordia Divina, que nos abraza especialmente a la hora de la muerte, *en Ti confío.*

Misericordia Divina, que nos otorga la vida inmortal, *en Ti confío.*

Misericordia Divina, que nos acompaña en cada momento de nuestra vida, *en Ti confío.*

Misericordia Divina, que nos protege del fuego del infierno, *en Ti confío.*

Misericordia Divina, en la conversión de los pecadores empedernidos, *en Ti confío.*

Misericordia Divina, asombro para los ángeles, incomprensible para los Santos, *en Ti confío.*

Misericordia Divina, insondable en todos los misterios de Dios, *en Ti confío.*

Misericordia Divina, que nos rescata de toda miseria, *en Ti confío.*

Misericordia Divina, fuente de nuestra felicidad y alegría, *en Ti confío.*

Misericordia Divina, que de la nada nos llamó a la existencia, *en Ti confío.*

Misericordia Divina, que abarca todas las obras de sus manos, *en Ti confío.*
Misericordia Divina, corona de todas las obras de Dios, *en Ti confío.*
Misericordia Divina, en la que estamos todos sumergidos, *en Ti confío.*
Misericordia Divina, dulce consuelo para los corazones angustiados, *en Ti confío.*
Misericordia Divina, única esperanza de las almas desesperadas, *en Ti confío.*
Misericordia Divina, remanso de corazones, paz ante el temor, *en Ti confío.*
Misericordia Divina, gozo y éxtasis de las almas santas, *en Ti confío.*
Misericordia Divina, que infunde esperanza, perdida ya toda esperanza, *en Ti confío.*

Oración:

Oh Dios Eterno, en quien la misericordia es infinita y el tesoro de compasión inagotable, vuelve a nosotros Tu mirada bondadosa y aumenta Tu misericordia en nosotros, para que en momentos difíciles no nos desesperemos ni nos desalentemos, sino que, con gran confianza, nos sometamos a Tu santa voluntad, que es el Amor y la Misericordia Mismos.

Letanía del Santísimo Sacramento

San Pedro Julián Eymard

SEÑOR ten misericordia de nosotros.
Señor, ten misericordia de nosotros.
Cristo, ten misericordia de nosotros.
Cristo, ten misericordia de nosotros.
Señor, ten misericordia de nosotros.
Señor, ten misericordia de nosotros.
Cristo, óyenos.
Cristo, benignamente, escúchanos.

R: *Ten misericordia de nosotros.*

Dios, Padre del Cielo,
Dios Hijo, Redentor del mundo,
Dios, Espíritu Santo,
Santa Trinidad, un Solo Dios,
Jesús, Sumo y Eterno Sacerdote del Sacrificio Eucarístico,
Jesús, Víctima Divina en el Altar para nuestra salvación,
Jesús, escondido bajo la apariencia de pan,
Jesús, que habitas en los tabernáculos del mundo,
Jesús, real, verdadera, y sustancialmente presente en el Santísimo Sacramento,
Jesús, que permaneces en Tu plenitud, Cuerpo,

Sangre, Alma y Divinidad,
Jesús, Pan de Ángeles,
Jesús, con nosotros siempre hasta el fin del mundo,
Hostia Sagrada, cumbre y fuente de toda adoración y vida cristianas,
Hostia Sagrada, signo y causa de la unidad de la Iglesia,
Hostia Sagrada, adorada por innumerables ángeles,
Hostia Sagrada, alimento espiritual,
Hostia Sagrada, Sacramento del amor,
Hostia Sagrada, vínculo de caridad,
Hostia Sagrada, la mayor ayuda para la santidad,
Hostia Sagrada, don y gloria del sacerdocio,
Hostia Sagrada, en la cual participamos de Cristo,
Hostia Sagrada, en la que el alma está llena de gracia,
Hostia Sagrada, en la que recibimos en prenda la gloria futura,
Bendito sea Jesús en el Santísimo Sacramento del Altar.
Bendito sea Jesús en el Santísimo Sacramento del Altar.
Bendito sea Jesús en el Santísimo Sacramento del Altar.

Por aquellos que no creen en Tu presencia Eucarística, ten misericordia, Oh Señor.
Por aquellos que son indiferentes al sacramento de tu amor, ten misericordia de nosotros.
Por aquellos que te han ofendido en el Santísimo Sacramento del Altar, ten misericordia de nosotros.

R: *Te suplicamos, escúchanos.*

Para que mostremos la debida reverencia al entrar en Tu santo templo,
Para que nos preparemos adecuadamente antes de acercarnos al Altar,
Para que Te recibamos frecuentemente en la Sagrada Comunión con real devoción y verdadera humildad,
Para que nunca dejemos de agradecerte por tan maravillosa bendición,
Para que apreciemos el tiempo que pasamos en oración silenciosa ante Ti,
Para que conozcamos mejor este Sacramento de sacramentos,
Para que todos los sacerdotes tengan un profundo amor a la Sagrada Eucaristía,
Para que celebren el Santo Sacrificio de la Misa de acuerdo con su sublime dignidad, Para que seamos consolados y santificados con el Santo Viático a la hora de nuestra muerte,

Para que podamos verte un día cara a cara en el Cielo,

Cordero de Dios, que quitas el pecado del mundo, *perdónanos, Oh Señor.*
Cordero de Dios, que quitas el pecado del mundo, *perdónanos, Oh Señor.*
Cordero de Dios, que quitas el pecado del mundo, *perdónanos, Oh Señor.*
Oh, Santísimo, oh Sacramento Divino, Tuyas sean toda alabanza y toda acción de gracias en cada momento.

Oremos:

Padre muy misericordioso, que continúas atrayéndonos hacia Ti por medio del Misterio Eucarístico, concédenos una fe fervorosa en este Sacramento del amor, en el que Cristo el Señor mismo está contenido, ofrecido y recibido. Te lo pedimos por medio del mismo Cristo Señor nuestro. Amén.

Novena a María Desatanudos

Introducción a la Novena

De una reflexión del Papa Francisco sobre María Desatanudos, octubre 15, 2013.

LA fe de María desata el nudo del pecado (cf. *Lumen Gentium*, 56). ¿Qué significa esto? Los Padres del Concilio Vaticano II han tomado una expresión de san Ireneo que dice así: "El nudo de la desobediencia de Eva lo desató la obediencia de María. Lo que ató la virgen Eva por su falta de fe, lo desató la Virgen María por su fe" (*Adversus Haereses*, III, 22, 4).

... Una cosa sabemos: ¡nada es imposible para la misericordia de Dios! Incluso los nudos más enredados se deshacen por Su gracia.

¿Cuáles son los nudos que hay en mi vida? "¡Padre, mis nudos no se pueden desatar!" ¡Es un error decir algo por el estilo! Todos los nudos de nuestro corazón, todos los nudos de nuestra conciencia, se pueden deshacer.

Novena a María Desatanudos

Señal de la Cruz
Acto de Contrición
Primeras tres decenas del Santo Rosario

Meditación del día.
Últimas dos decenas del Santo Rosario
Oración Final a María Desatanudos
Señal de la Cruz

Oración a María Desatanudos

(Oración final para cada día)

VIRGEN María, Madre del Amor Hermoso, Madre que nunca rehúsas venir en ayuda de un hijo necesitado, Madre cuyas manos trabajan sin tregua para el servicio de tus hijos amados, porque están movidas por el amor Divino y la infinita misericordia que existe en tu corazón, vuelve hacia mí tus ojos llenos de compasión y mira el amasijo de nudos que hay en mi vida. Tú conoces mi desesperación, mi dolor, y cuán atado estoy por esos nudos. María, Madre a quien Dios encomendó la tarea de desatar los nudos de la vida de Sus hijos, pongo en tus manos la cinta de mi vida. No hay nadie, ni siquiera el Maligno mismo, que pueda arrebatarla de tu cuidado amoroso. En tus manos no hay nudo que no pueda ser desatado. Madre Poderosa, con tu gracia y el poder de intercesión que tienes ante tu hijo Jesús, mi Liberador, recibe hoy este nudo. [*Nombrar aquí tu petición*]

Te pido desatarlo para la gloria de Dios, y desatarlo para siempre. Tú eres mi esperanza. Oh Señora mía, tú eres el consuelo perdurable que Dios me da, la fortaleza de mis débiles fuerzas, la riqueza de mis miserias y, con Cristo, la liberación de mis cadenas. Atiende mi súplica, presérvame, guíame, protégeme, ¡Oh mi seguro refugio!

María, Desatanudos, ruega por mí.

Día 1

En el primer día de la novena, reconocemos los diversos nudos que existen en nuestra vida y el sufrimiento que causan, y le pedimos a la Santísima Virgen María que comience a desatarlos por su amor maternal hacia nosotros.

Meditación para el Primer Día.

SANTA Madre amada mía, María Santísima, que desatas los nudos que oprimen a tus hijos, extiende tus manos misericordiosas hacia mí. Pongo en tus manos este nudo [*Nombrar aquí tu petición*] y cada consecuencia negativa que el mismo provoca en mi vida. Te ofrezco este nudo que me atormenta, me hace infeliz y me impide unirme a ti y a tu Hijo Jesús, mi Salvador.

Recurro a ti, María, Desatanudos, porque

confío en ti y sé que nunca rechazas a un hijo pecador que viene a suplicar tu ayuda. Creo que tú puedes desatar este nudo porque Jesús te concede todo lo que le pidas. Creo que tú quieres desatar este nudo porque eres mi Madre. Creo que lo harás porque me amas con amor eterno. Gracias, Madre amada.

María, Desatanudos, ruega por mí.

Día 2

En el segundo día de la novena, le pedimos a la Santísima Virgen que interceda por nosotros ante Cristo, para que abandonemos nuestra vida de pecado y asumamos las virtudes que nos ayudan a crecer en la imagen y semejanza de Dios.

Meditación para el Segundo Día

MARÍA Madre muy amada, canal de toda gracia, nuevamente dirijo hoy mi corazón a ti, reconociendo que soy un pecador necesitado de tu ayuda. Muchas veces pierdo las gracias que me alcanzas a causa de mi egoísmo, de mi rencor y de mi falta de generosidad y humildad. Hoy me dirijo a ti, María, Desatanudos, para que pidas a tu Hijo Jesús que me conceda un corazón puro, libre de apegos, humilde y confiado. Viviré hoy practicando estas virtudes y ofreciéndotelas como prueba de mi amor por ti. Pongo en tus manos este nudo [*Nombrar aquí tu petición*] que me impide reflejar la gloria de Dios.

María, Desatanudos, ruega por mí.

Día 3

En el tercer día de la novena, reconocemos que los nudos en nuestra vida a menudo son creados por nosotros mismos, incluso cuando parecen ser causados por otros. Nuestras acciones provocan a otros quienes a su vez nos provocan, lo que nos impulsa a la ira y al resentimiento contra aquellos que hemos provocado. ¡La misma descripción de las circunstancias suena como la atadura de un nudo!

Meditación para el Tercer Día

MADRE mediadora, Reina del cielo, en cuyas manos se encuentran los tesoros del Rey, vuelve hoy hacia a mí tus ojos misericordiosos. Pongo en tus manos santas este nudo de mi vida [*Nombrar aquí tu petición*] y todo el resentimiento y el rencor que ha causado en mí. Dios Padre, Te pido perdón por mis pecados. Concédeme ahora la gracia de perdonar a todas las personas que consciente o inconscientemente, han provocado este nudo. Concédeme también la gracia de perdonarme a mí mismo por haber provocado este nudo. Únicamente de esta manera Tú podrás desatarlo. Ante ti, Madre amada, y en nombre de tu Hijo, Jesús, mi Salvador, que sufrió tantas ofensas, y supo perdonar, yo perdono ahora a estas personas [*Mencionar aquí sus nombres*] y también a mí mismo, por siempre. Te doy gracias, María, Desatanudos, por desatar en mi corazón el nudo del rencor y el nudo que ahora te presento. Amén.

María, Desatanudos, ruega por mí.

Dia 4

En el cuarto día de la novena, pedimos la fuerza para superar nuestra parálisis espiritual, que nos impide actuar por causa de los nudos que existen en nuestra vida espiritual.

Meditación para el Cuarto Día

SANTA Madre amada, que eres generosa con todos aquellos que te buscan, ten misericordia de mí. Pongo en tus manos este nudo que me roba la paz del corazón, paraliza mi alma, y me impide caminar hacia mi Señor y servirlo con mi vida. Desata este nudo de mi amor. [*Nombrar aquí tu petición*] Oh Madre y pide a Jesús que sane mi fe paralizada que se desalienta ante las piedras del camino. Junto a ti, Madre amada, puedo ver estas piedras como amigas. Haz que no murmure más en contra de ellas, sino que pueda dar infinitas gracias por ellas para así sonreír confiadamente con tu poder.

María, Desatanudos, ruega por mí.

Día 5

En el quinto día de la novena, le pedimos a María que interceda por nosotros para que Cristo envíe su Espíritu Santo sobre nosotros. Así como la Santísima Virgen y los Apóstoles se llenaron del Espíritu Santo el domingo de Pentecostés, cambiando sus vidas para siempre, esperamos abandonar todos nuestros vicios y abrazar los dones del Espíritu Santo.

Meditación para el Quinto Día

MADRE, Desatanudos, generosa y llena de compasión, vengo a ti para poner en tus manos, una vez más, este nudo de mi vida [*Nombrar aquí tu petición*] y pedir la sabiduría de Dios para que, a la luz del Espíritu Santo, pueda desatar esta madeja de problemas. Nadie te ha visto nunca enojada; al contrario, tus palabras están tan llenas de dulzura que el Espíritu Santo se manifiesta por tus labios. Líbrame de la amargura, la cólera, y el odio que este nudo me ha causado. Madre amada, dame algo de la dulzura y la sabiduría, que silenciosamente están reflejadas por entero en tu corazón. Y así como hiciste estando presente en Pentecostés, pídele a Jesús que me envíe una nueva presencia del Espíritu Santo en este momento de mi vida. ¡Espíritu Santo, ven sobre mí!

María, Desatanudos, ruega por mí.

Día 6

En el sexto día de la novena, reconocemos que Dios responderá nuestras oraciones en Su tiempo, no en el nuestro; y le pedimos a María que interceda por nosotros para que tengamos la paciencia para esperar. Al mismo tiempo, reconocemos que también a nosotros nos toca hacer algo, recibir el Sacramento de la Sagrada Comunión y el Sacramento de la Confesión, para que cuando nuestras oraciones sean respondidas, tengamos la gracia de recibir la respuesta con gratitud y acción de gracias.

Meditación para el Sexto Día

REINA de Misericordia, te confío este nudo de mi vida [*Nombrar aquí tu petición*] y te pido que me des un corazón que sea paciente hasta que tú lo desates. Enséñame a perseverar en la escucha de la palabra viva de Jesús, en la Eucaristía, y en el Sacramento de la Confesión. Quédate conmigo y prepara mi corazón a celebrar con los ángeles la gracia que me será concedida. ¡Amén! ¡Aleluya!

María, Desatanudos, ruega por mí.

Día 7

En el séptimo día de la novena, la meditación recuerda el ícono de Maria Desatanudos, en el que la Santísima Virgen, la Segunda Eva, aplasta la cabeza de la serpiente bajo su talón. Liberados del poder de los demonios, reafirmamos nuestra lealtad a Cristo.

Meditación para el Séptimo Día

MADRE Purísima, me dirijo hoy a ti para suplicarte que desates este nudo [*Nombrar aquí tu petición*] de mi vida y me libres de las insidias del mal. Dios te ha concedido un gran poder sobre todos los demonios. Hoy renuncio a todos ellos y a todos los vínculos que he tenido con ellos, y proclamo que Jesús es mí único Señor y Salvador. María, Desatanudos, aplasta la cabeza del Maligno y destruye las trampas que éste me ha tendido con este nudo.

María, Desatanudos, ruega por mí.

Día 8

En el octavo día de la novena, la meditación recuerda la Visitación, cuando la Santísima Virgen, desbordada por la alegría de la Anunciación, fue a servir a su prima Isabel, que estaba embarazada con Juan el Bautista. Llena del Espíritu Santo, María trajo el Espíritu a Isabel y al nonato Juan, y le pedimos ahora que interceda ante Cristo para que Él envíe Su Espíritu sobre nosotros.

Meditación para el Octavo Día

VIRGEN Madre de Dios, rica en misericordia, ten piedad de mí, tu hijo y desata este nudo [*Nombrar aquí tu petición*] de mi vida. Yo necesito que tú me visites, como visitaste a tu prima Isabel. Tráeme a Jesús, tráeme al Espíritu Santo. Enséñame a practicar las virtudes del coraje, el gozo, la humildad, y la fe, y, como Isabel, haz que me llene del Espíritu Santo. Haz que descanse gozoso en tu seno, María. Me consagro a ti como mi madre, mi reina, y mi amiga. Te doy mi corazón y todo lo que me pertenece — mi hogar, mi familia, mis bienes materiales y espirituales. Yo te pertenezco a ti para siempre. Haz mi corazón semejante al tuyo para que yo haga todo lo que Jesús me diga.

María, Desatanudos, ruega por mí.

Día 9

En el noveno día, le agradecemos a la Virgen por su intercesión a lo largo de esta novena, que esperamos sea eficaz para que nuestras oraciones encuentren respuesta y los nudos en nuestra vida sean desatados.

Meditación para el Noveno Día

MADRE Santísima, Abogada nuestra, Desatanudos, vengo hoy a agradecerte por haber desatado este nudo de mi vida. [*Nombrar aquí tu petición*] Conoces muy bien el sufrimiento que me ha causado. Gracias Madre, por haber venido con tus dedos inmensamente misericordiosos a enjugar las lágrimas de mis ojos. Tú me recibes en tus brazos y haces posible que reciba, una vez más, la gracia divina.

María, Desatanudos, Madre amada, te doy gracias porque has desatado los nudos de mi vida. Envuélveme en tu manto de amor, mantenme bajo tu protección, ilumíname con tu paz.

María, Desatanudos, ruega por mí.

Las reflexiones ante cada meditación fueron adaptadas de: https://www.thoughtco.com/mary-undoer-of-knots-novena-4010853.

Letanía de la Confianza[43]

De creer que debo ganarme Tu amor
Líbrame, Jesús.
Del miedo a no ser amado
Líbrame, Jesús.
De la falsa seguridad de que tengo todo lo que se necesita
Líbrame, Jesús.
Del miedo a que confiar en Ti me deje más desposeído
Líbrame, Jesús.
De toda sospecha hacia Tus palabras y promesas
Líbrame, Jesús.
De la rebeldía a depender de Ti como un niño
Líbrame, Jesús.
De las negativas y reticencias a aceptar Tu voluntad
Líbrame, Jesús.
De la ansiedad por el futuro
Líbrame, Jesús.
Del resentimiento o la excesiva preocupación por el pasado
Líbrame, Jesús.
De la incansable búsqueda de mí mismo en el momento presente
Líbrame, Jesús.

De no creer en Tu amor y Tu presencia
Líbrame, Jesús.
Del miedo a que se me pida dar más de lo que tengo
Líbrame, Jesús.
De creer que mi vida no tiene sentido ni valor
Líbrame, Jesús.
Del miedo a las exigencias del amor
Líbrame, Jesús.
Del desánimo.
Líbrame, Jesús.
Que continuamente me sostienes, me apoyas, me amas
Jesús, en Ti confío.
Que Tu amor va más allá de mis pecados y mis faltas, y me transforma
Jesús, en Ti confío.
Que no saber lo que depara el mañana es una invitación a apoyarse en Ti
Jesús, en Ti confío.
Que estás conmigo en mi sufrimiento
Jesús, en Ti confío.
Que mi sufrimiento, unido a los Tuyos, dará fruto en esta vida y en la siguiente
Jesús, en Ti confío.

Que no me dejarás huérfano, que estás presente en Tu Iglesia
Jesús, en Ti confío.
Que Tu plan es mejor que cualquier otra cosa
Jesús, en Ti confío.
Que siempre me escuchas y en Tu bondad siempre me respondes
Jesús, en Ti confío.
Que me das la gracia de aceptar el perdón y de perdonar a los demás
Jesús, en Ti confío.
Que me das toda la fuerza que necesito para lo que se me pide
Jesús, en Ti confío.
Que mi vida es un don
Jesús, en Ti confío.
Que Tú me enseñarás a confiar en Ti
Jesús, en Ti confío.
que Tú eres mi Señor y mi Dios
Jesús, en Ti confío.
Que yo soy tu amado
Jesús, en Ti confío.

NOTAS

1. Homilía en Living History Farms, 1979, Libreria Editrice Vaticana
2. *The Story of a Soul* (*Historia de un Alma*), New York: Doubleday, 1957, p.136.
3. Según la tradición, el Señor le dijo a Santa Gertrudis que cada vez que rezara piadosamente esta oración, serian liberadas mil almas (o un gran número de ellas) de sus sufrimientos en el Purgatorio.
4. *The Lamb's Supper: The Mass as Heaven on Earth* (*La Cena del Cordero*), New York, Doubleday, 1999, pp. 5, 128.
5. *La Imitación de Cristo*, capitulo 104.
6. Adaptado del folleto " My Day… A Mass (Mi Dia… Una Misa), Quebec, Au Service de la Vocation, 1966.
7. Ibid.
8. *God is Near Us* (*Dios está cerca de nosotros*), San Francisco, Ignatius Press, 2003, p. 81
9. Adaptado de Papa Benedicto XVI, Homilía en la Fiesta de Corpus Christi, Mayo 2005.
10. De "Un Acto de Amor al Sagrado Corazón."

11. P. Lawrence G. Lovasik, SVD, *Communion Prayers* (*Oraciones para la Comunión*), Tarentum, PA, p.12.
12. Ibid., p. 1.
13. Ibid., p. 2.
14. Ibid., p. 3.
15. Adaptado de Lovasik, p. 4.
16. Adaptado de "Prayer from an Eleventh Century Manuscript of Winchester" (Oración de un Manuscrito del Undécimo Siglo de Winchester) en F. A. Gasquet, ed., *Ancestral Prayers* (*Plegarias Ancestrales*), Springfield, IL: Templegate Publishers, 1996, pp. 58-60.
17. Adaptado de una oración atribuida a Padre Cayetano de San Juan Bautista, http://www.josemariaescriva.info/article/opus-dei-founder-spiritual-communion-a-prayer-that-went-round-the-world.
18. Oración de postcomunión basada en las enseñanzas del Papa San Juan Pablo II.
19. Extraído de Lovasik, pp. 35-36.
20. Adaptado de "Act of Thanksgiving" (Acto de Acción de Gracias), *The Key of Heaven* (*La llave del cielo*), New York, 1884, pp. 280-84.
21. Lovasik, pp. 34, 36.

22. Extraído de Lovasik, p. 35.
23. Esta sencilla oración mariana era claramente una de las oraciones favoritas de Madre Teresa, como se evidencia por las muchas variaciones de la misma que ella solía rezar o recomendar a otros.
24. "Our Lady of the Most Blessed Sacrament" (Nuestra Señora del Santisimo Sacramento), https://yenra.com/catholic/prayers/beforecommunion.html.
25. Extraído de "After Holy Communion" (Después de la Santa Comunión), *Praying in the Presence of the Lord* (*Orando en la Presencia del Señor*), Huntington, IN: Our Sunday Visitor, 1999, p. 48.
26. De una oración del P. Mateo Crawley-Boevey, SS.CC., Fundador de la Entronización del Sagrado Corazón, https://www.sscc.org/x_frames/homepage.
27. Citado por P. Stefano M. Manelli, FI, *Jesus, Our Eucharistic Love* (*Jesús, Nuestro Amor Eucarístico*), p. 50-51.
28. *Summa Theologiae, III*, q. 80, art. 11, réplica.
29. Citado por P. Stefano M. Manelli, FI, *Jesus, Our Eucharistic Love* (*Jesús, Nuestro Amor Eucarístico*), p. 50-51.
30. De un folleto publicado por Mons. M.J.

Doyle, Toledo, OH.

31. *God is Near Us* (*Dios está cerca de nosotros*), pp. 97, 102-3.
32. Ibid., p. 93.
33. Lovasik, p. 31.
34. Adaptado del Oficio Divino, Oración después del Salmo, Laudes, Domingo de la Semana I, y del Oficio Divino, oración conclusiva de Laudes, Semana I.
35. *Prayers of Life* (Oraciones de Vida), Gill & McMillan, 1965.
36. Extraído de Lovasik, p.8.
37. Basado en el Mensaje del Papa San Juan Pablo II, Agosto 15, 1996.
38. *Reflections and Prayers for Visits with our Eucharistic Lord* (*Reflexiones y Oraciones para las Visitas a Nuestro Señor Eucaristico*), Daughters of St. Paul, 1971.
39. Extraído de "A Visit During the Day" (Una visita durante el día), *Praying in the Presence of the Lord* (*Orando en la Presencia del Señor*), pp. 65-66.
40. De "Prayer before Leaving for Apostolate" (Oración antes de salir para el Apostolado), *Works of Love are Works of Peace: Mother Teresa of Calcutta and the*

Missionaries of Charity (*Obras de Amor son Obras de Paz: Madre Teresa de Calcuta y las Misioneras de la Caridad*), San Francisco, Ignatius Press, 1996, p. 203.

41. *Praying in the Presence of the Lord* (*Orando en la Presencia del Señor*), pp. 63-64.
42. Citado por el Cardenal Robert Sarah, *The Power of Silence* (*El Poder del Silencio*), San Francisco, Ignatius Press, 2017, pp. 17-19.
43. Escrito por Sor Faustina Maria Pía, Hermana de la Vida. Usada con permiso, Hermanas de la Vida, www. sistersoflife. org.